소통,
생존과 성장의 비밀통로

소통,
생존과 성장의 비밀통로

김희선 지음

소통이 문제이나, 소통이 답이다!

CONTENTS

소통,
만사형통 조직을 위한 만병통치약!

일반적으로 조직을 유기체에 비유한다. 유기체란 무엇인가? 국어사전의 정의를 빌리면 다음과 같다.

1. 많은 부분이 일정한 목적 아래 통일·조직되어 그 각 부분과 전체가 필연적 관계를 가지는 조직체
2. 생물처럼 물질이 유기적으로 구성되어 생활 기능을 가지게 된 조직체

소통을 우리의 몸에 비유해보자.

사람의 뇌는 모든 감각기관을 활용해 정보를 수집한다. 그리고 수집한 정보를 토대로 분석 과정을 거쳐 다시 감각기관에 명령을 내린다. 이것은 매우 유기적이며, 필연적인 과정을 거친다. 하지만 눈에 보이지 않을 만큼 아주 은밀하고, 눈치 채지 못할 만큼 즉각적이다. 인간이 지금까지 생존해올 수 있었던 것도 바로 이러한 과정의 끊임없는 반복 때문이었다.

조직이나 기업도 마찬가지다. 리더는 각 구성원을 통해 외부 정보를 수집한다. 그리고 그 정보를 토대로 의사결정을 한 후 다시 구성원에게 적절한 조치를 내린다. 리더를 뇌로 본다면 구성원은 각각의 감각기관이 되는 셈이다. 즉, 조직의 생존 원리도 인체의 작동 원리와 별반 차이가 없는 것이다.

하지만 정작 우리의 소통문화는 어떠한가. 소통보다는 호통을 치니 불통되어 분통과 울화통까지 터지는 게 현실이다. 이러한 세상에서 어떻게 하면 일맥상통하는 소통으로 운수대통하는 만사소통으로 만들 수 있을까?

그 해답이 바로 이 책 속에 있다. 의사소통이 되지 않아서 소통의사를 자처하고 나선 저자가 직접적인 체험을 통해 얻어낸 소통비법이 이 책 곳곳에 숨어 있다.

소통의 기술은 나날이 발전하고 있다. 하지만 소통의 기본은 전혀 지켜지지 않고 있다. 그 결과 기분이 나빠지는 세상, 오해가 만연한 세상이 펼쳐지고 있다. 진정한 의미의 소통의 본질을 고민하는 이 책을 보는 순간, 우리 모두가 지향해야 할 소통의 핵심을 담고 있다는 생각을 하게 되었다. 개인과 조직을 넘어 고객과 진심으로 소통하고 싶은 분들에게 이 책은 항상 곁에 두고 참고해야 할 필독서이다. 사회에 첫발을 내딛는 신입사원부터 조직 구성원과 리더, 나아가 소통이 되지 않아 불통으로 고민하고 있는 많은 이에게 도움이 될 것이다.

유영만(지식생태학자)

진정한 소통은
혁신의 필요조건이다

조직이 성공하기 위해 필요한 역량은 무엇일까? 어떤 한가지라고 말하기는 불가능하다. 다양한 역량이 결합되었을 때만이 조직은 성공할 수 있다. 그럼에도 불구하고 최근 개인과 기업의 성공을 언급할 때 빠지지 않고 등장하는 단어가 있다. 바로 혁신이다! 애플이나 구글을 비롯한 성공적인 기업들이 혁신을 통해 지속적 성장과 발전을 거듭해왔기 때문이다. 심지어 '세계에서 가장 영향력 있는 경영의 대가'라는 찬사를 받았던 피터 드러커의 최후 유작이 『위대한 혁신』이었다는 것만 봐도 혁신은 중요한 역량이라고 할 수 있다.

그렇다면 그간 수많은 기업이 끊임없이 혁신을 부르짖고 체질화하기 위해 노력했지만, 왜 혁신에 성공하지 못하고 역사의 뒤안길로 사라졌던 것일까? 전사적이 아니라 리더의 주도만으로 추진했기 때문이다. 미국의 경우,《포춘》이 매년 발표하는 100대 기업 중 30년 이상 존속하는 기업이 드물다는 사실이 이를 반증한다. 더구나 기업은 갈수록 환경에 적응하는 것이 어려워지고 있다. 그 이유는 변화가 불연속적으로 진행될 뿐만 아니라 경영의 불확실성이 전에 비해 훨씬 커졌기 때문이다.

이러한 환경에서 외부에 적응하기 위한 역량인 혁신을 제대로 성공하려면 어떻게 해야 할까? 그 전제조건은 바로 소통이라고 할 수 있다. 즉, 소통을 통해 혁신이 정착되어야 비로소 성공적인 혁신이 가능해진다.

이 책은 개인이나 조직을 혁신하는 데 필수라 할 수 있는 소통에 대해 다루고 있다. 소통의 필요성, 조직 내 소통, 고객과의 소통 등을 다양하게 설명하고 있다. 특히 비언어적·비공식적 소통이 성공적인 조직에서 중요함을 강조하고 있다. 소통을 통한 혁신은 매우 어렵지만 흔히 간과하기 일쑤다. 저자는 여기에 역점을 두고 읽기 쉽게 기술하고 있다. 나아가

저자는 교육업계의 권위자답게, 소통 관련 교육이나 컨설팅 경험을 이 책에 그대로 반영하였다. 따라서 성공적인 소통을 통해 혁신을 바라는 개인이나 기업이라면 반드시 읽어야 할 필독서라고 자부한다.

오재인(단국대학교 경영학부 교수)

소통,
위대한 조직과 리더의 성장 엔진!

최근에 기업의 경영환경이 급변하고 있다. 지난 1,000년보다 최근 10년간의 변화가 더 컸다는 한 경영학자의 말처럼 기업은 이제 한 치 앞도 보기 힘든 안갯속 일엽편주와 같다. 더욱이 그 너머에 평온한 바다와 따뜻한 햇살이 기다린다는 보장도 없어졌다. 언제, 어디서 세찬 풍랑이 몰아칠지 알 수 없는, 매일같이 롤러코스터를 타는 형국에 빠진 것이다.

그래서일까. 세계 초일류 기업들은 경영환경의 불확실성에 대한 응전전략을 짜느라 분주하다. 그중 대표적인 것이 강하고 빠른 커뮤니케이션이다. 이는 환경의 변화에 빠르고 적절하게 대응하는 길만이 생존을 담보할 수 있다는 인식에서 비롯되었다.

이제는 과거와 달리 큰 것이 살아남는 것이 아니라, 빠른 것이 살아남는 시대가 되었다. 이러한 상황에서 리더의 의사결정은 기업의 생사와 직결될 수밖에 없다. 리더는 의사결정의 최상위에서 권한을 행사하는 대신 모든 책임을 진다.

그렇다면 지금과 같은 리더의 독단적인 의사결정은 과연 완벽할 수 있을까? 리더의 최고 덕목이라는 분석력과 예측 능력은 과연 혼자만의 힘으로 가능할까?

결론부터 말하면 불가능하다. '경영자의 스승'으로 추앙받는 이나모리 가즈오가 강조했듯이 정확하고 빠른 의사결정을 하려면 구성원과의 의사소통이 필수다. 의사결정은 사실 의사소통의 결과물에 지나지 않는다. 제대로 된 의사소통 없이는 제대로 된 의사결정은 있을 수 없다.

"당신은 리더인가?"라는 질문에 "그렇다"라고 답한 사람은 그리 많지 않을 것이다. 왜 그럴까? 리더라는 단어를 경영자나 최고 관리자로 한정해서 생각하기 때문이다. 그러나 모든 사람은 리더다. 조직에서 리더든 리더가 아니든 최소한 자기 삶에서는 누구나 리더이기 때문이다. 이 책은 바로 그런 사람들, 즉 자기 삶의 리더를 위한 책이다.

오늘날 의사소통은 기업은 물론 사회생활을 하는 모든 이에게 생존을 위한 경쟁력으로 자리매김했다. 가정과 학교를 비롯해 의사소통이 되지 않는 조직과 사회는 불협화음을 내는 것에 그치는 것이 아니라 벼랑 끝, 즉 파괴와 절망의 나락으로 떨어질 수밖에 없다. 이 책에서 당신은 의사소통이 기업과 개인의 성패를 가르는 장면을 빈번히 보게 될 것이다.

21세기를 '정보화사회'라고 말한다. 어딜 가나 정보가 넘쳐난다. 그 결과, 정작 중요해진 것이 정보를 분별하는 능력이다. 의사소통은 정보를 분별하고, 의사결정을 하기 위한 지렛대 역할을 한다. 또한 조직을 하나의 유기체로 만들어 외부 변화에 적극적으로 대응하도록 면역력을 길러준다.

백악기 말 공룡이 멸망하는 데 중추신경계의 문제가 있었다면 지금 기업과 개인이 맞닥뜨린 문제는 의사소통과 의사결정이라는 두 축이다. 이 둘은 샴쌍둥이의 머리처럼 어느 것 하나가 잘못되면 공멸하는 관계다.

이 책은 이처럼 우리 모두에게 중요하지만, 실제로는 제대로 되지 않고 있는 소통이라는 주제를 다루고 있다. 나는 15년가량 기업교육 전문 강사로 일하며 교육 컨설팅 기업을 운영하는 과정에서 얻은 경험과 프로그램을 토대로 이 책을 만들었다. 사회에 첫 발을 내딛는 신입사원부터 일반적인 조직 구성원, 나아가 소통 때문에 고민하고 있는 이들에게 조금이나마 도움이 되길 바라는 마음으로 한 자, 한 자 써내려갔다. 이 책으로 부디 이 사회의 리더인 여러분 모두 각자 꽃을 피우고, 열매를 맺길 기원한다.

끝으로 책을 내면서 곰곰이 돌아보니 감사할 분들이 참 많다. 첫 책 출간은 아이를 출산하는 것만큼이나 힘든 작업이지만, 그 자체로 의미가 있다고 독려와 조언을 아끼지 않으신 존경하는 유영만 교수님. 변화의 중심에서 길을 잃지 않고 답을 찾을 수 있는 빛을 보여주신 오재인 교수님, 남상훈 교수님, 조영호 원장님. 그리고 현장에서 소통의 지혜를 몸소 실천하시는 박노천 부원장, 남점진 부장님, 조하룡 국장님, 김경숙 팀장님. 이분들이 기꺼이 추천사를 허락해주신 덕에 이 책이 더욱 빛날 수 있었다. 아울러 이 책의 출판에 많은 도움을 주신 호이테북스&벗나래의 김진성 대표님께도 감사를 드린다. 그리고 외부활동으로 에너지를 쏟느라 많은 시간을 함께 하지 못하는 부족한 저에게 언제나 응원과 격려, 사랑으로 힘을 실어주는 가족들에게도 감사를 전한다. 그들이 함께 있어 나는 인생이 행복했다고 말할 수 있다. 또한 힘든 업무에도 꿋꿋이 따라와 준 회사 식구들과 인생에서 도움을 주셨던 모든 분들께 글로나마 감사의 마음을 대신한다.

김희선

1장

개인과 조직의
성패를 가르는 소통의 힘

개인과 조직의 **성패를 가르는 소통의 힘**

1 소통은 일방통행 아니다

나는 기업을 대상으로 강의를 하고, 교육 프로그램을 제공하는 회사를 오랫동안 운영해왔다. 그러다 보니 경영자부터 중간 관리자, 교육 담당자는 물론 일반 직원들과도 자주 만난다. 나는 그들을 만나면 조직생활에서 어려운 점이 무엇이냐고 묻는다. 이 질문에는 고객과 고객사의 니즈를 파악하려는 의도가 깔려 있다.

이 질문에 제일 많이 듣는 대답은 '소통이 가장 어렵다'는 내용이다. 그들은 왜 소통에 대해 고민하는 것일까? 그리고 왜 가장 어렵다고 말하는 것일까?

본론으로 들어가기 전에 다음의 이야기를 먼저 보자.

사자인 사돌이와 소인 우순이가 있었다. 둘은 너무나도 사랑한 나머지 주위의 반대를 물리치고 결혼을 하게 되었다. 즐겁게 신혼여행을 다녀온 다음 날 우순이는 사랑하는 남편을 위해 아침상을 그득히 차렸다. 그런데 아침상을 본 사돌이는 머리끝까지 화가 났다. 자신은 입에도 댈 수 없는 풀들만 잔뜩 올라와 있었기 때문이다. 화가 난 사돌이는 아침상에 손도 대지 않고 나가버렸다. 영문을 모르는 우순이는 그저 어리둥절할 수밖에 없었다.

저녁때가 되자 사돌이는 아침에 화를 냈던 것이 미안해 아내를 위해 극진히 저녁상을 차렸다. 하지만 이번에는 우순이가 화를 냈다. 상 위에 올라온 것이 온통 고깃덩어리였기 때문이다. 사돌이는 우순이가 화를 내는 상황에서 혼자만 식사를 할 수는 없었다. 결국 둘은 그날 식사를 거르게 되었다.

다음 날 우순이는 미안한 마음에 다시 아침상을 차렸다. 하지만 또다시 풀이 올라온 상을 보고 사돌이는 또 손도 대지 않고 나가버렸다. 미안한 마음에 저녁때가 되어 집에 돌아온 사돌이는 다시 아내를 위해 식사를 준비했다. 하지만 어제와 똑같은 일이 반복되었다.

이렇게 며칠이 지난 어느 날이었다. 결국 사돌이는 아무것도 먹지 못해 배가 너무 고픈 나머지 아내인 우순이를 잡아먹어버렸다. 정말 사랑해서 한 결혼이었지만, 참극이 벌어진 것이다.

이 이야기는 우화 형식이지만 많은 것을 담고 있다. 이러한 참극이 일어난 것은 무엇 때문일까? 식성의 차이 때문일까? 아니다. 서로 솔직히 속마음을 털어놓지 않았기 때문이다. 이 이야기는 소통을 하지 않았을 때 얼마나 큰일이 일어날 수 있는지를 비유적으로 보여준다.

우리 주변에서도 이런 일이 실제로 빈번하게 벌어진다.

최근 사회 곳곳에서 '불통'이 화두로 등장하는 것만 봐도 알 수 있다. 연일 언론 매체에서 상하 간, 정당 간, 조직 간, 구성원 간, 세대 간, 지역 간 불통과 갈등에 대해 언급하고 있지 않은가. 불통은 불만을 만들고, 불만은 신뢰를 깨뜨린다. 또한 신뢰가 깨지면 갈등이 유발된다.

한국보건사회연구원에서 〈사회갈등지수 국제비교 및 경제성장에 미치는 영향〉이라는 보고서를 발표한 적이 있다. 이 보고서에 따르면 한국은 2011년을 기준으로 갈등관리 능력이 OECD 34개국 중 27위를 차지한 것으로 나타났다. 한국보다 낮은 국가는 멕시코, 터키, 그리스, 헝가리, 이탈리아, 폴란드, 슬로바키아 등 7개국뿐이었다. 이 보고서는 "한국의 사회갈등 수준은 조사 대상 국가의 상위 20% 수준으로 꽤 높은 편"이라며 "갈등관리가 경제성장에 긍정적인 영향을 미치는 만큼 갈등을 치유하고 관리하는 노력이 중요하다"라고 강조했다.

이 보고서에서 알 수 있듯이 갈등관리는 곧 경제성장과 직결된다. 그렇게 보았을 때 소통이 되지 않는 것은 갈등을 야기해 사회적 비용을 유발할 수 있다는 점에서 우려를 하지 않을 수 없다. 아직까지는 어떤 연구기관에서도 소통이 되지 않는 것과 사회적 비용의 상관관계를 조사해 발표한 것을 보지 못했다. 하지만 이를 조사해 비용으로 나타낸다면 어마어마한 금액이 될 거라고 확신한다. 또한 사회적·조직적 통합으로 얻어낼 수 있는 시너지 효과를 감안한다면 안타까운 현실이 아닐 수 없다.

한국은 전 세계에서 통신 분야와 통신기기가 가장 발달한 나라 중 하나다. 매년 발표하는 스마트 통신 분야에서 최근 들어 3위권 밖을 벗어난 적이 거의 없을 정도다. 휴대전화나 디지털 기기들을 끊임없이 활용하는 사람들을 언제, 어디서든 쉽게 찾아볼 수 있을 뿐만 아니라 휴대전화 대수가 인구수에 버금가는 것을 보았을 때, 우리는 분명 디지털의 최첨단 시대를 살고 있다.

어디 그뿐인가. 당신이 다니는 직장을 생각해보라. 빠른 소통과 업무처리를 위해 인트라넷이나 화상회의 등을 적극 활용하고 있을 것이다. 더욱이 최근에는 카카오톡이나 페이스북, 트위터, 메신저 등 SNS를 폭넓게 활용해 실시간에 가깝게 소통을 하고 있다. 커뮤니케이션 채널의 포화 상태에서 디지털 기기에 둘러싸여 살아가고 있는 것이다.

이러한 현실에도 불구하고 우리 사회에서는 왜 이렇게 불통이 거론되는 것일까? 그 이유는 스마트 기기인 하드웨어와 디지털 인프라가 발달한 것에 비해 그것을 사용하는 문화가 폐쇄적이고 수직적이기 때문이다. 그 결과 구성원이 소통을 통해 조직이나 공동체의 비전과 철학, 목표, 가치를 공유하지 못하는 것이다.

소통에 대해 본격적으로 알아보기 위해 먼저 소통의 정의를 알아보자.

영어사전에서 소통이라는 단어를 검색하면 'Communication'을 찾을 수 있다. 'Communication'은 '함께'라는 의미의 'Com'과 '가지다, 공유하다'라는 의미의 'Munico'의 합성어로 '함께 가지다. 함께 공유하다'라는 의미를 지니고 있다. 그리고 국어사전에서 소통을 찾아보면 이렇게 나와 있다.

1. 막히지 아니하고 잘 통함
2. 뜻이 서로 통하여 오해가 없음

소통은 한자로 '疏通'이라고 쓴다. 여기서 주목할 것이 있다. '소통하다, 트이다'라는 의미의 '疏'에서 주된 의미를 지닌 부수가 '짝 필疋'이라는 것이다. 영어사전, 국어사전, 한자사전을 통해 우리는 소통이란 '누군가와 함께' 혹은 '나와 함께 하는 어떤 상대방'과 '서로' 하는 거라는 것을 알 수 있다. 즉, 소통은 일방통행이 아닌 양방향 통행을 통해 이루어진다.

2 불통은 조직과 사회에 동맥경화를 일으킨다

인간을 이기적인 동물이라고 말한다. 어디 인간만 이기적이겠는가. 살아 있는 모든 것은 이기적이고, 또 이기적일 수밖에 없다. 그래야 험난한 세상에서 살아남을 수 있다.

산에 있는 소나무를 보자. 소나무가 곁에 있는 야생화를 배려하는 것을 본 적이 있는가? 소나무는 햇볕을 더 많이 받기 위해 이리저리 가지를 뻗치고, 성장하고 번식하기 위해 끊임없이 주변의 자양분과 수분을 흡수한다. 소나무는 곁에 있는 야생화나 잡초 등을 신경 쓰지 않고 살아남기 위해 극단적인 이기심을 드러낸다. 또한 소나무는 아무도 범접할 수 없게끔 끈끈한 송진을 내보내고, 독한 솔향기를 내뿜고, 날카로운 솔잎을 떨어뜨린다. 이렇듯 모든 생물이 이기적인 이유는 살아야 한다는, 즉 생존해야 한다는 강박관념에서 비롯된 것이다.

인간도 살아남기 위해 모든 것을 자기중심적으로 보고, 읽고, 해석하고, 파악하고, 행동한다. 이것은 인간이 지구상에 나타나 경쟁하고 험난한 세상을 이겨내면서 몸에 체득한, 즉 DNA를 통해 대대로 전수해온 동물적 본능인 것이다. 그러나 인간이 생존을 위해 본능만 추구하며 살아온 것은 아니다. 그랬다면 인간 세상은 이미 공룡처럼 공멸했을 것이다.

이 때문에 나는 인간이 이기적인 동물을 넘어선 이기적인 사회적 동물이라고 생각한다. 인간은 생존 본능을 따르는 이기적인 존재지만, 고대 그리스의 철학자인 아리스토텔레스의 말처럼 '사회적 동물zoon politikon'이라는 특성도 동시에 지녔기 때문이다. 물론 사회나 조직도 인간의 생존에 더 유리하기 때문에 만들어지고 유지되어온 것이기는 하다.

그러나 인간 사회는 사자나 개미들의 사회와는 전혀 다른 차원으로 만들어지고 유지되어왔다. 인간 사회는 그들의 것보다 훨씬 복잡다단하고, 의사결정의 범위도 매우 넓다. 게다가 정치적인 의사결정의 경우, 서로 간에 첨예한 이해관계의 충돌도 빈번히 일어난다. 그럼에도 불구하고 인간 사회는 몰락하지 않고 지금까지 유지되고 발전되어왔다. 그것이 어떻게 가능했을까?

소통은 바로 이러한 인간 사회의 이기심과 이해관계의 충돌을 막는 완충제로, 서로 날을 세운 대립각 사이에서 윤활유 역할을 해왔다. 또한 소통은 합리적 의사결정을 하는 데 도움을 준다. 즉, 이기적인 개개인들이 자신들의 이해관계를 내려놓고 더 큰 조직과 사회, 공동체라는 틀로 판단하고, 선택하고, 결정하는 등 차원 높은 과정으로 유도하는 길잡이 역할을 해왔다. 뿐만 아니라 소통은 합의된 결정사항을 실행하는 동력 역할도 해왔다.

여기서 소통이란 조직과 사회의 누군가와 생각이나 의식을 함께 공유하며, 막히지 않고 잘 통해 서로 오해가 없는 상태로 '개떡같이 말해도 찰떡같이 알아듣는' 상태, 즉 상호 교감하는 상태를 의미한다. 하지만 소통을 하기 위해서는 무엇보다 나를 내려놓고 상대방의 입장에서 먼저 생각하는 것이 전제조건이다.

아이 키우는 것을 예로 들어보자.

한 남자와 한 여자가 사랑해서 아이를 가진다. 임신한 엄마는 태교에 들어간다. 이때 엄마는 모든 말과 행동을 각별히 조심한다. 그리고 10개월 뒤 아이가 세상에 태어난다. 그러면 엄마는 젖을 먹이고, 기저귀를 갈아주며 아이를 돌본다. 아이를 위해 자신의 모든 것을 헌신하고 배려하는 것이다.

이때 정말 신기한 것이 있다. 아이가 한마디도 못하는데도 엄마가 아이의 반응을 알아차리고 그때그때 척척 대응한다는 것이다. 어떻게 그것이 가능할까? 아이와의 끈끈한 유대 관계를 바탕으로 말이 없이도 소통이 이루어지기 때문이다. 소통은 이처럼 서로의 의사를 타진하고 관계에서 막힌 것을 뚫어주고 끊어진 것을 이어주는 혈전제 역할을 한다.

반면 불통은 조직과 사회에 치명적인 동맥경화를 가져온다. 동맥경화가 무엇인가? 의학 분야에서 동맥경화는 탄력적이어야 할 동맥이 굳어지고 내면에 지방질 등이 끼어 혈관이 좁아지는 것을 말한다. 동맥경화가 일어나면 피가 제대로 돌지 않아 고혈압과 같은 질환이 발생한다.

그렇다면 이와 같이 소통이 되지 않아 동맥경화가 발생하면 조직에는 어떤 일이 벌어질까? 제대로 소통이 이루어지지 않은 결과 잘못된 의사결정의 표상으로 거론되는 기업으로 코닥의 사례를 보자.

2012년 1월 19일, 세계 5대 브랜드 중 하나로 꼽히던 코닥이 132년의 역사를 접고 파산보호신청을 했다. 전 세계인이 '코닥 모멘트Kodak Moment'라고 표현할 정도로 단순히 상품이 아닌 추억을 파는 기업이었던 코닥. 그렇게 잘나가던 코닥에게 도대체 무슨 일이 있었던 것일까?

코닥이 파산에 이르게 된 가장 큰 이유는 디지털 시대에 제대로 대비하지 못한 데 있었다. 그런데 정작 1975년에 세계 최초로 디지털카메라를 개발한 것이 코닥 연구소였다는 것은 정말 아이러니하다. 이 디지털카메라는 토스터기만큼이나 컸고, 사진 해상도도 약 10만 화소에 지나지 않았으며, 사진을 기록하는 데 23초가 걸렸다. 코닥의 연구원이었던 스티브 사손Steve Sasson이 개발한 이 신기술은 연구원들 사이에서 큰 화제가 됐다.

하지만 코닥 임원진들은 "좋기는 한데 아무에게도 얘기하지 마세요"라며 싸늘한 반응을 보였다. 당시의 아날로그 사진 기술에 비해 형편없는 수준이었고, 무엇보다도 필름이 필요 없는 카메라였기 때문이다.

그 후로도 코닥은 필름과 인화 사업이 가져다주는 이익에 취해 디지털카메라를 시장에 선보일 기회를 두 번(1981년, 1992년)이나 더 놓쳤다. 코닥의 경영진은 여전히 자신들의 디지털 기술을 내·외부적으로 드러내는 것을 꺼렸다. 그러다 다른 기업들이 디지털카메라를 내놓기 시작한 1994년에 이르러서야 부랴부랴 디지털카메라를 출시하기에 이른다.

그러나 코닥은 1990년대 후반에 디지털카메라가 확산되면서 전면전이 시작된 이후에야 뒤늦게 디지털 시장에 진출하는 바람에 일찍부터 디지털 시장을 대비한 캐논과 니콘 등에 밀리게 되었다. 예쁘고 깜찍한 캐논과 니콘 제품에 비해 코닥의 디지털카메라는 디자인도 투박했고, 적목 현상 없애기, 얼굴 인식 등 당시 다른 일본 기업의 디지털카메라가 가지고 있던 다양한 기술도 찾아볼 수 없었다.

코닥은 결국 소비자의 니즈를 제대로 파악하지 못한 나머지 구식 필름카메라를 만드는 기업이라는 이미지를 바꾸지 못했다. 그 결과, 1991년 190억 달러에 달하던 매출은 2010년 72억 달러로 추락했고, 1990년대 후반부터 2000년대 후반까지 10년 동안 코닥의 주식가치는 75%나 떨어졌다. 그러다 2012년에는 파산 신청을 하기에 이른다.

코닥은 디지털 시대가 도래하리라는 것을 예측하지 못했던 것이 아니었다. 코닥은 디지털카메라를 가장 먼저 개발했지만, 달콤한 수익의 딜레마에 빠져 내부 직원 및 고객과 제대로 소통하지 않고 경영진의 독단적인 의사결정으로 인해 위기에 빠졌던 것이다.

　코닥의 실패 사례를 설명하는 이론은 대단히 많다. 스탠퍼드 경영대학원의 제임스 마치 교수는 이러한 코닥의 실패 사례를 '근시안적 학습과 성공의 덫'이라고 표현했다. 기업이 전략이나 자원을 계속 활용하다 보면 역량을 효율적으로 사용하는 데 능숙해지고, 이는 그 기업의 성과를 창출하는 '성공 공식success formula'이 된다.

　하지만 기존의 성공 공식을 반복적으로 활용하는 것은 매우 치명적인 위험을 지니고 있다. 성공 공식을 반복적으로 적용하는 과정에서 기업은 자기도 모르는 사이에 다른 대안이나 가능성에서 점차 고립된다. 특히 이 과정에서 기업은 내부의 의사소통이 탄력성을 잃고, 보이지 않는 담을 쌓는다는 공통점이 있다. 그러다가 기존의 성공 공식이 더 이상 통하지 않는 불연속적이고 역량 파괴적인competence-destroying 환경 변화가 일어나면 기업은 단번에 무너진다.

　1990년 중반 이후 경영환경의 급변으로 기업들은 전에 없던 새로운 상품이나 기술, 비즈니스 모델을 만들어내는 창조적 혁신 역량을 필요로 하게 되었다. 그런데도 코닥은 과거의 기술과 비즈니스 모델에만 집착하는 경향을 보였다. 그와 함께 기업의 내부 고객 및 외부 고객과의 소통을 등한시하고 귀를 틀어막음으로써 코닥은 파산이라는 벼랑 끝으로 달려갔던 것이다.

최근 많은 기업이 애플과 구글의 혁신을 거론하며 벤치마킹을 주장한다. 하지만 혁신은 소리 높여 외치고 벤치마킹을 한다고 해서 이루어지는 게 아니다. 그 밑바탕에 기업문화, 특히 내부의 임직원들과 고객들과의 소통이 기본적으로 활발하게 이루어져야 가능하다.

3 소통의 부재에서 비롯된
도요타의 대규모 리콜

　최근에 인기 TV 프로그램인 〈1박 2일〉에서 출연자들에게
큰 웃음을 선사한 게임이 있다. 그 게임의 진행 방식은 다음
에 나오는 그림처럼 네 사람의 의사소통을 기본 내용으로 한
다. 네 사람 모두 귀를 막은 상황에서 제일 먼저 첫 번째 사람
이 두 번째 사람에게 사물의 이름을 말한다. 그러면 두 번째
사람이 첫 번째 사람에게 들은 것을 세 번째 사람에게 말한
다. 그런 다음 세 번째 사람이 네 번째 사람에게 이를 말하고
나면 네 번째 사람이 정답을 말하는 식이다.
　그런데 마지막 주자인 네 번째 사람이 답을 말하는 것을 보

<그림1> 게임 진행 방식

면 정말 가관이다. 웃음을 터뜨리지 않고는 도무지 배길 수 없다. 예를 들어 첫 번째 사람이 토끼라고 말했는데, 두 번째 사람이 도끼로 알아듣고, 세 번째 사람이 장작으로 알아들어 결국에는 전혀 다른 답이 나오는 식이다. 그러니 이 게임을 보는 사람은 웃음보가 터질 수밖에 없다. 다행히도 오락 프로그램이기에 그냥 웃으며 넘길 수 있지만 만약 기업이나 가정 또는 조직이나 사회에서 이런 일이 벌어진다면 정말 아찔한 일이 아닐 수 없다.

이와 같은 일이 일어난 적절한 사례로 도요타 자동차를 들 수 있다. 도요타 자동차는 1980년대 이후 렉서스로 대표되는 브랜드를 개발해 미국의 자동차업체 빅3GM, 포드, 크라이슬러을 몰락 위기로 몰아넣은 최고의 자동차 기업이다. 지금도 여전히 세계 자동차 시장의 맹주로 승승장구하고 있으며, 그들만의 독자적인 시스템과 직원, 하청업체와의 상생 경영으로 많은 존경을 받고 있는 기업이다.

그런 도요타 자동차가 큰 위기에 몰린 적이 있었다. 2009년에 발생한 도요타 자동차의 리콜 사태가 바로 그것이다. 그때의 상황을 들여다보자.

도요타 자동차의 리콜 사태는 2009년 8월 28일 저녁, 샌디에이고 근처 125번 고속도로 위에서 911로 걸려온 다급한 전화 한 통에서 시작되었다.

"지금 시속 120마일인데요! 큰일 났어요! 브레이크가 말을 안 들어요!"

그리고 전화는 충돌음과 함께 끊겼다. 이 통화음과 함께 완전 전소된 렉서스350 차량의 사진이 유튜브 동영상을 통해 전 세계에 퍼졌다. 가속페달이 매트에 걸리는 결함으로 마주 오던 SUV 승용차와 충돌한 이 사고로 고속도로 순찰대원인 마크 세일러와 그의 아내, 딸, 처남 등 차에 타고 있던 네 명 모두 사망하였다.

사고 이후 도요타 자동차는 결국 '프리우스' 등 네 개 하이브리드카 차종의 제어 프로그램에 대한 리콜을 발표했다. 그리고 2010년 2월

24일 도요타의 대량 리콜 사태와 관련해 도요타의 아키오 사장이 미의회의 청문회에 참석하여 이런 문제가 발생한 데 대한 사죄를 했다. 그러나 결국 도요타 자동차는 사상 최대의 리콜 사태와 고객과 소통을 하지 않는 미숙한 대응 등으로 소비자의 신뢰가 급격히 하락해 창사 이래 가장 큰 위기에 직면했다.

대규모 리콜과 사실 은폐, 부적절한 위기 대응으로 인한 소비자의 신뢰 하락 등으로 2010년 1월 도요타 자동차의 미국 내 판매 대수는 전년 동기 대비 15% 감소했고, 미국 내 도요타 시가 총액은 불과 3개월 사이에 13%나 급감했다.

이 사건에서 우리는 외부에 나타난 현상만 바라보면 안 된다. 이 사건의 이면에 주목할 필요가 있다. 그것은 무엇일까? 도요타 자동차가 소비자를 가장 화나게 했던 것은 위기에 대한 경영진의 부적절한 대응이었다는 점이다. 당시 경영진은 고객들에게 책임감 있는 자세로 신속하게 대응하고 소통하기보다는 사태를 은폐하는 데 주력했다. 일부 간부들은 품질 문제의 근본 원인을 소비자의 탓으로 돌림으로써 오히려 사태를 더 키우는 결과를 낳았다.

그렇다면 뛰어난 품질로 유명한 도요타 자동차가 왜 이런 결함을 미연에 방지하지 못했을까? 당신은 하인리히 법칙에 대해 들어보았는가?

하인리히 법칙은 일명 1:29:300 법칙이라고도 하는데, 대형 사고가 발생하기 전에 그와 관련된 수많은 경미한 사고와 징후가 반드시 존재한다는 것을 밝힌 법칙이다. 1931년 미국의 트래블러스 보험사Travelers Insurance Company의 엔지니어링 및 손실통제 부서에 근무하던 허버트 윌리엄 하인리히 Herbert William Heinrich가 『산업재해 예방: 과학적 접근Industrial Accident Prevention: A Scientific Approach』이라는 책에서 소개했

〈그림2〉 하인리히 법칙

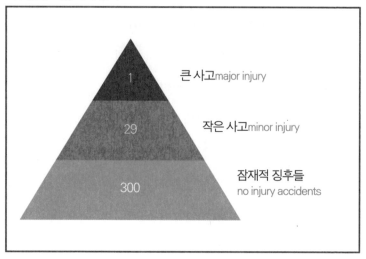

다. 하인리히는 수많은 산업재해 사례를 분석해 큰 사고가 발생하기 전에는 29건의 미미한 사건이 발생하고, 29건의 미미한 사건이 발생하기 전에는 300건의 사고 징후가 나타난다는 것을 밝혔다. 그 후 하인리히 법칙은 노동현장에서 일어나는 재해뿐만 아니라 각종 사고나 재난 또는 사회적·경제적·개인적 위기나 실패와 관련된 법칙으로 확장되어 사용되고 있다.

　도요타 자동차에서도 실제로 그런 예후가 있었다. 도요타 자동차는 글로벌 1위 기업이 되기 위해 원가를 절감하고 해외에서 생산해내는 규모를 과도하게 확대함에 따라 부품의 서플라이 체인Supply Chain과 관리 감독 인력 등의 인프라에 과부하가 발생해 전사적인 소통에서 문제가 발생했다. 그리고 직원들이 사내 시스템에 문제가 있다고 제기해도 귀를 막았다. 더 나아가 그로 인해 발생한 사고들로 고객들이 끊임없이 리콜을 요청해도 도요타 자동차는 이를 외면한 채 듣지 않았다.

　그렇다면 리콜 사태가 일어나기 전 도요타 자동차 내에서는 어떤 문제가 있었던 것일까? 열정적이고 정의감 넘치는 한 매체의 젊은 기자들이 3년여에 걸쳐 공장 근로자와 하청

업체 직원, 해외지사 근로자 등 200여 명을 직접 취재하고 인터뷰를 해 근본적으로 품질 문제를 일으킨 원인으로 꼽은 것 중 단연코 눈에 띄는 것이 있었다.

"회사에 무조건 복종하는 장시간 근무 시스템과 제안제도 독촉"

여기서 복종과 독촉에 밑줄을 친 이유가 있다. 이것은 소통이 아닌 일방적인 지시를 의미한다. 내부의 불통 시스템이 외부의 문제로 드러난, 즉 고객과의 불통 시스템으로 이어진 것이다. 이러한 점에서 젊은 기자들이 찾아낸 도요타 자동차의 근원적 문제는 시사하는 바가 매우 크다. 특히 사내 조직 간에 자유로운 의사를 건의하고 조율해야 하는 토의 · 토론이 강제적으로 이루어지는 상황에서 그 사건은 이미 예견된 일이었는지도 모른다.

이처럼 소통의 부재는 세계적으로 존경받는 기업, 초합리주의적 기업이라고 평가받던 도요타 자동차까지도 큰 위기로 몰아넣었다. 조직 안에서 소통이 제대로 이루어지지 않고 강제적으로 이루어진다면 모든 의사 전달은 외로운 독백으로 끝나고, 일방적인 지시와 명령이 될 뿐이다.

4 소통, 위기를
기회로 바꾸는 강력한 힘

도요타 자동차의 사례를 통해 소통의 부재가 얼마나 위험한지 알았을 것이다. 소통이 조직의 내부와 외부에서 제대로 되지 않았을 때 위기를 불러온다는 것은 이제 분명해졌다. 그렇다면 제대로 소통했을 때에는 어떠한 결과를 초래할까? 자다가 떡이 나오는 정도가 아니라 벼랑 끝에서 죽을 뻔했던 기업이 기사회생을 하기도 한다. 고객과의 소통으로 벼랑 끝에서 살아난 대표적인 기업으로 존슨앤드존슨Johnson & Johnson을 꼽을 수 있다.

존슨앤드존슨은 1886년 로버트 우드 존슨이 두 형 제임스 우드, 에드워드 미드와 함께 설립하였으며, 120여 년의 오랜 전통에 빛나는 기업이다. 전 세계 60여 개 나라에 12만 명가량이 근무하며 시장가치가 무려 2,000억 달러에 이르는 초일류기업으로 미국의 경제전문지 《포춘》이 선정하는 '세계에서 가장 존경받는 기업'과 '소비자 만족도가 높은 기업'의 상위권에 단골로 오르는 기업이기도 하다.

그런 존슨앤드존슨도 도요타 자동차와 같은 위기에 봉착한 적이 있었다. 1982년 존슨앤드존슨은 의약품 타이레놀에 독극물이 투입된 사건으로 벼랑 끝에 몰렸다. 하지만 이들은 도요타 자동차와는 전혀 다르게 대응했다. 존슨앤드존슨은 신속하고 솔직한 소통과 대응으로 위기를 정면으로 돌파해 지금까지도 고객들에게 많은 사랑과 큰 신뢰를 얻고 있다.

존슨앤드존슨이 어떤 위기를 겪었으며, 위기에 어떻게 대응했는지 살펴보자.

1982년 미국의 시카고 근교에서 타이레놀을 복용한 일곱 명의 주민들이 잇달아 사망하는 사건이 발생했다. 그러자 존슨앤드존슨은 사건이 발생한 순간부터 언론의 취재에 적극 협조하는 한편 관련 정보를 최대한 언론에 공개해 고객과의 소통에 진실하게 접근하였다. 그리고 사건 발생 즉시 전국의 모든 상점과 각 가정에 있던 타이레놀을 수거해 더 발생할지도 모를 희생자를 사전에 차단하기 위해 노력했다. 이때 들어간 비용만 해도 무려 2,850억 원이었다고 한다.

경찰 조사 결과, 누군가가 타이레놀에 치명적인 청산가리를 주입했다는 사실이 밝혀지면서 제품을 제조한 존슨앤드존슨의 결백이 밝혀졌다. 하지만 그 후에도 존슨앤드존슨은 범인을 검거하기 위해 현상금을 거는 등 적극적으로 대응했다. 그와 함께 추가 피해를 예방하기 위해 독극물을 투입할 수 없도록 제품의 포장을 바꾸었다.

이러한 위기관리 능력으로 존슨앤드존슨은 채 1년도 지나지 않아 리콜 이전의 시장점유율을 회복했으며, 현재까지도 미국에서 시장점유율 1위를 달리고 있다. 존슨앤드존슨은 1886년에 창업했지만, 100여 년이 넘는 오랜 시간 동안 고객과의 신속하고 정직한 소통을 통해 신뢰를 구축함으로써 성장에 성장을 거듭해온 것이다.

그런데 최근 존슨앤드존슨이 다시 위기에 직면했다. 2016년 5월 3일 미국 미주리주 연방법원은 존슨앤드존슨의 유명 제품인 '베이비파우더'가 난소암을 유발할 수 있다고 판결하고 원고인 난소암 피해자에게 5,500만 달러(약 620억 원)를 물어줄 것을 선고했다. 실제 피해 배상금 500만 달러에 징벌적 손배 배상금 5,000만 달러가 더해진 것이다. 베이비파우더에 들어 있는 섬유 석면인 탤크가 암을 유발할 수 있다는 위험성을 제대로 알리지 않았다는 내용이었다.

존슨앤드존슨 법무팀은 "지난 30년간 파우더에 쓰인 탤크의 안정성을 인정한 학계의 연구 결과와 다르다"며 항소할 뜻을 내비쳤다. 한편 미주리 주와 뉴저지 주 법원 등에도 비슷한 소송 1,200여 건이 제기된 상태다. 존슨앤드존슨이 과연 1982년 독극물 사건에서 대응한 것처럼 소비자들에 대한 책임을 다하기 위해 즉각적인 대응 방안을 마련할 것인지는 아직 두고 볼 일이다.

소통은 기업에만 국한되는 것이 아니다. 소통은 가장 작은 사회인 가정에서 크게는 국가 시스템, 지구촌에 이르기까지 위기나 기회를 만들기도 하고, 새로운 조류와 흐름을 만들어 내기도 한다.

목사이자 흑인 해방 운동가인 마틴 루터 킹이라는 이름을 들어보았을 것이다. 혹시 그의 〈I have a dream〉이라는 연설을 들어보았는가? 이 연설은 듣는 이에게 희망과 열정으로 가슴을 뛰게 하고 행동하도록 하는, 인류 역사상 가장 뛰어난 연설 중 하나로 꼽힌다.

마틴 루터 킹은 이 명연설에서 금기시되어왔던 인종차별 타파라는 이슈를 수면 위로 끌어올렸고, 마침내 흑인 대통령의 탄생이라는 미래를 가져왔다. 그것이 가능했던 것은 그의 연설이 공감과 소통을 불러와 듣는 이들의 마음을 움직였을 뿐만 아니라, 하늘을 향해 있던 종교를 땅으로 임하게 했기 때문이다.

다음은 1963년 8월 28일 워싱턴 D.C.의 링컨기념관 앞에서 있었던 그의 연설 중 일부다.

저에게는 꿈이 있습니다.

언젠가, 이 나라가 모든 인간은 평등하게 태어났다는 것을 자명하게 받아들이고,

그 진정한 의미를 신조로 살아가게 되는 날이 오리라는 꿈입니다.

오늘 저에게는 꿈이 있습니다.

(중략)

흑인 소년, 소녀들이 백인 소년, 소녀들과 손을 잡고

형제자매처럼 걸어갈 수 있는 상황이 되는 것이

제가 가진 꿈입니다.

저에게는 꿈이 있습니다.

어느 날 모든 계곡이 높이 솟아오르고, 모든 언덕과 산은 낮아지고,

거친 곳은 평평해지고, 굽은 곳은 곧게 펴지고,

하느님의 영광이 나타나

모든 사람이 함께 그 광경을 지켜보는 꿈입니다.

이것이 우리의 희망입니다.

그의 연설은 링컨이 노예해방을 선언한 지 100여 년이 지
났음에도 여전히 미국 사회에 문제점으로 존재했던 흑인 차

마틴 루터 킹

별을 근본적으로 바꾸는 계기이자 기폭제가 되었다. 또한 그 시발점이 되었던 '몽고메리 버스 보이콧 투쟁'을 1년 만에 승리로 이끄는 도화선으로 작용했다. 그의 연설은 오랜 세월이 지난 지금도 뜨거움과 진심과 비전이 곳곳에서 묻어나 듣는 이들의 가슴을 울린다. 이것이 바로 소통의 힘이며, 소통이 이루어지면 세상까지도 바꾸는 큰 변화를 가져올 수 있다.

5 소통은
어떻게 이루어지는가

소통은 서로를 신뢰하고, 제대로 된 의사결정을 하기 위한
전제조건이다. 앞서 소개한 존슨앤드존슨과 도요타 자동차
의 사례가 이에 대한 답을 주었을 것이다. 그렇다면 소통은
어떤 과정을 거쳐 만들어질까? 다음의 과정을 따른다.

〈그림3〉 소통 과정

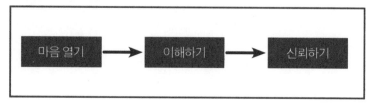

이것은 나의 교육업체에서 운영하는 '소통하기'라는 프로그램의 기본 체계이기도 하다. 마치 도미노처럼 서로 연관성을 지니고 있으면서도 각각의 과정에는 그것을 지배하는, 즉 이수해야 하는 핵심 키워드가 있다. 앞에 나오는 것은 다음 과정을 위한 필요조건일 뿐 필요충분조건이 아니다.

이 프로그램에서 첫 번째 과정인 '마음 열기'를 알아보자. 이 과정의 핵심 키워드는 진정성, 즉 진심이다. 마음을 열려면 먼저 진심으로 다가가야 한다. 앞서 마틴 루터 킹의 연설이 많은 사람에게 큰 감동을 주었던 이유도 흑인들의 신분 차별을 타파해야 한다는 진정성 때문이다. 그것이 있기에 신뢰할 수 있고, 감동이 따르는 것이다.

마음을 연다는 것은 돌탑을 쌓아가는 것과 같다. 등산을 하다가 곳곳에 쌓인 돌탑을 본 적이 있을 것이다. 사람들이 산길을 걷다가 마음속으로 뭔가를 기원하며 올려놓은 돌들이 하나둘 쌓여 그렇게 된 것이다.

사람의 마음도 마찬가지다. 돌탑을 쌓듯이 오랜 시간 동안 조금씩 마음의 문을 연다. 생존하기 위해 본능적으로 의심을 하기 때문이다. 당신도 사람을 대할 때 돌탑에 돌을 하나씩 얹듯 욕심을 비우고 기원을 하듯 차근차근 해나가야 한다. 그래야 비로소 그 사람의 마음에 커다란 돌탑을 쌓을 수 있다. 소통은 단번에 이루어지는 것이 아니라 산을 오르듯, 돌탑을 쌓듯 어느 정도의 단계를 거쳐야 하며, 시간과 진정성을 필요로 한다.

가정이나 조직에서 리더의 진정성에 따라 그 가정 혹은 그 조직의 성패가 갈리는 경우를 볼 수 있다. 리더의 진심이 구성원에게 제대로 전달되기란 쉽지 않다. 그러나 진심이 전달되고 나면 구성원의 충성심과 존경심은 급격히 높아진다.

한 회사에서 리더십에 대한 컨설팅을 할 때의 일이다. 아르바이트하는 사람들과 계약직 직원들을 대상으로 '이 회사에서 진정으로 존경하는 리더는 누구인가?'라는 질문으로 인터뷰를 진행했다. 많은 직원들이 압도적으로 지목한 리더는 중간 관리자로 현장에서 일하던 김 계장이었다. 다른 관리자들은 "어이", "이봐"와 같이 하대하거나 지시하는 말투에 무시하는 듯한 행동을 하는 반면 김 계장은 항상 진심으로 그들을 배려하는 말과 행동을 한다는 게 그 이유였다. 직원들을 '○○님', '○○씨'로 불러주고, 쓰레기가 바닥에 떨어져 있으면 직원들에게 치우라고 지시하는 대신 자신이 치우는 작은 행동에서 그의 진심을 읽을 수 있다고 한다. 그 결과, 많은 직원이 그가 회사를 이직하더라도 계속 모시고 싶다는 의견을 피력했다.

돌탑을 쌓는 것처럼 당신의 진심, 즉 진정성이 상대에게 전달되면 놀라운 일이 일어난다. 상대의 마음에 있는 빗장을 단번에 열어젖히고 다가가 소통할 수 있는 즐겁고도 놀랄 만한 일이 일어난다.

'소통하기' 프로그램의 두 번째 과정인 '이해하기'에 대해 알아보자. 이해하기는 두 가지로 나눌 수 있다. 첫째는 사람에 대한 이해이고, 둘째는 상황에 대한 이해다. 상대방을 이해하려면 기본적으로 이 두 가지에 대한 이해가 동시에 이루어져야 한다. 하나만 아는 것은 그 사람을 제대로 이해했다고 보기가 힘들다.

여기서 첫째 단계인 '사람에 대한 이해'에서 키워드는 배려이다. 구성원 간의 배려는 조직 내에 긴장감을 없애주고, 유기적인 의사소통을 가능하게 한다. 단, 여기에는 전제조건이 있다. 구성원 간에 배려를 하기 위해서는 조직의 배려가 전제가 되어야 한다는 점이다. 즉, 기업문화가 조직원 간의 배려를 조성한다고 할 수 있다. '곳간에서 인심 난다'는 말처럼 조직이 조직원을 배려해야 조직원 간에 배려하는 문화가 만들어질 수 있다.

그래서일까? 세계적인 초우량 기업들은 최근 들어 조직의 구성원에 대한 배려를 점차 늘려가는 추세다. 예를 들어 미국 뉴욕의 맨해튼에서 9·11 테러 사건 이후 항공기 이용이 감소했을 때 경쟁사들은 비용을 절감하기 위해 많은 인력을 감축했지만, 사우스웨스트 항공은 단 한 명의 직원도 해고하지 않았다. 또한 전 세계에서 가장 취업하고 싶은 기업 중 하나인 스타벅스는 시간제 직원들에게도 의료 보험 혜택과 스톡옵션을 제공하며 강력한 동기부여를 하고 있다. 이 회사는 직원들을 종업원이 아닌 파트너라고 부른다.

전 세계 젊은이라면 모두가 꿈꾸는 구글도 직원들에 대한 배려가 가히 상상을 초월한다. 다음은 구글에 입사한 직원들이 받고 있는 대표적인 복지 혜택이다.

1. 무료 식사 & 간식 제공

그 유명한 구글 카페테리아는 현지 농축산물 제품을 신속하게 배달시켜 아침식사부터 저녁식사까지 무료로 제공한다. 또한 구글 캠퍼스 안에는 커피숍과 스낵바가 곳곳에 자리하고 있다. 구글은 직원 식음료 비용에만 1년에 약 1,000억 원 정도를 지출한다. 최근에는 3D 프린팅 파스타도 새로운 메뉴로 등장했다고 한다.

2. 슬립 팟(Sleep pods)

구글은 매일매일 엄청난 노력을 기울여 일하는 직원들을 위해 모든 소음과 빛을 막아주는 스트레스 캡슐과 더블침대에서 편안히 낮잠을 청할 수 있는 슬립 팟sleep pod을 제공한다.

3. 가사 도우미 이용권

일과 생활의 균형을 위해 직원들에게 가사 도우미 이용권을 무료로 제공한다.

4. TechStop 이용권

TechStop은 구글 사내 업무지원 샵으로 모든 하드웨어와 소프트웨어를 하루 24시간 구글 직원들에게 지원한다. 예를 들어 집에 마우스를 놓고 왔다면 바로 전달해주는 등 개인적인 문제까지 지원한다.

5. 무료 출퇴근 서비스

구글 마운틴뷰 본사와 샌프란시스코 사무실에서는 최고 속도의 와이파이 서비스와 간단한 간식, 음료까지 제공하는 구글 버스 서비스를 운영하고 있다. 자가 운전자에게는 무료로 오일 교체와 자동차 세차도 해준다.

6. 애완동물 대환영

우리나라에서는 상상도 할 수 없는 일이다. 구글에서는 애완견이든 고양이든 직장에 데려올 수 있다.

7. 획기적인 유급 출산휴가

남자 직원들은 6주, 출산을 준비하는 여자 직원들에게는 18주의 유급 휴가가 주어진다. 휴가 기간에 보너스도 그대로 지급된다. 출산 축하 보너스와 기저귀, 분유 등도 제공받는다. 휴가에서 돌아오면 사내 무료 영·유아 돌보미 센터를 이용할 수 있다.

8. 사망 보험 혜택

구글 직원이 업무 중에 사망하면 가족에게 연봉의 50%가 10년 동안 지급된다. 만약 아이가 있을 경우 자녀들에게 한 달에 1,000달러씩 전달된다.

구글은 이외에도 마사지 쿠폰, 헬스장이나 사우나실 이용권, 3개월짜리 무급 휴가, 사내 의료진 활용 등 다양한 배려를 직원들에게 제공하고 있다. 이처럼 조직 구성원을 가족처럼 대하는 기업문화의 저변에는 '배려'라는 깊은 철학과 리더십이 상존하고 있다. 그리고 이러한 배려는 기업가치와 생산성의 향상으로 이어지고 있다.

두 번째 단계인 '상황에 대한 이해'의 핵심 단어는 역지사지 易地思之가 되겠다. 처지를 바꾸어 생각해보라는 이 말은 본래 자기반성과 성찰을 담고 있다. 역지사지하는 마음으로 자신이 항상 옳은 것은 아니라는 자세로 상대방 입장에서 돌이켜 생각해본다면 서로에게 쌓인 오해는 눈처럼 사라지게 마련이다.

우리는 갈등이 유발될 경우 사람까지 미워하는 경우가 있다. 사람을 미워하다 보면 결국은 자신이 힘들어지고 관계가 더욱 악화될 수밖에 없다. 최근 벌어지고 있는 이웃 간의 층간 소음이 대표적인 예다. 층간 소음으로 살인까지 벌어지는 것을 보면서 조금만 서로를 이해했다면 하는 생각에 안타깝기 그지없다.

한 다큐멘터리 프로그램에서 층간 소음으로 매일 밤 싸움이 그치지 않는 아래층 주부와 다섯 살, 일곱 살 아들 둘을 둔

위층 주부 간의 갈등을 다룬 적이 있다. 이들은 전문가의 힘을 빌려 상황을 바꿔 역할극Role-play을 진행하고 난 이후 서로를 이해하고, 갈등 상황이 해결되어 더없이 돈독한 사이가 되었다. 이처럼 서로의 상황을 심층적으로 이해하고 나면 관계를 회복할 수 있을 뿐만 아니라 더욱 강화할 수 있다.

한번은 중소기업을 대상으로 워크숍을 진행할 때의 일이다. 30여 명가량의 조직 구성원을 둔 한 중간 관리자가 직원들로부터 "사장님 심복이 되려고 정말 별짓 다 하는구나" 등과 같은 수군거림을 들으며 직원들을 관리하고 있었다. 그는 항상 제일 먼저 출근하고 회사에 무슨 일이 발생하면 제일 먼저 나서는 탓에 직원들에게 조금은 버거운 사람으로 인식되어 있었다.

워크숍 준비를 위해 미팅을 할 때 그 중간 관리자가 "이번 워크숍을 통해 모두가 하나가 될 수 있도록 진행해주시길 부탁합니다. 저 때문에 많이 힘들어하는 직원들을 보면 안타깝기도 하고 마음이 편치 않네요"라고 말하는 것을 들으니 마음이 찡했다. 그가 얼마나 고통스러운 시간을 보내고 있는지 간접적으로 느껴졌다.

나는 워크숍을 진행하며, 서로를 이해할 수 있는 시간을 마런했다. 정해진 규칙에 따라 직원들이 마음을 열고 서로를 조금씩 이해할 수 있는 미션을 제공하고, 중간 관리자의 이야기를 전체가 공유하는 시간을 자연스럽게 마련했다. 그는 IMF로 다니던 직장에서 하루아침에 실직자가 된 이후 힘든 시기를 겪다가 지금의 직장에 들어왔을 때 너무 기쁘고 감사했기에 초심을 잃지 않기 위해 노력하고 있다는 말을 구구절절 전했다. 여기저기서 훌쩍이는 소리가 들렸고, 분위기가 숙연해졌다.

그 후 워크숍을 마치고 나서 오랜만에 그 회사를 찾아갔을 때 나는 깜짝 놀랐다. 이전과는 확연히 달라진 분위기가 느껴졌기 때문이다. 중간 관리자는 그 워크숍 이후 많은 것이 바뀌었다며 감사 인사를 전했다. 이후 7년이 지난 지금까지도 비즈니스 관계를 맺고 있는데 당시 이 기업이 변화하는 과정은 교육이 얼마나 보람된 일인지 알려주는 큰 계기가 되었다.

우리가 사는 세상에는 나쁜 사람이 있는 것이 아니라 나쁜 상황이 있을 뿐이다. 그러니 상황을 미워하되 사람은 미워하지 마라. 그런 마음으로 사람에게 좀 더 다가가면 서로를 이해하고, 한 발짝 더 나아갈 수 있는 계기를 마련할 수 있다.

세 번째 과정인 '신뢰 쌓기'를 알아보자. 이 과정에서 주어지는 키워드는 '지속성'이다. 신뢰를 쌓는다는 것은 하루아침에 이루어지는 것이 아니다. 예를 들어 당신이 사랑을 나누거나 친구가 되고 싶은 사람이 있다고 가정해보자. 그 사람에게 신뢰를 얻는 가장 좋은 방법은 무엇일까? 먼저 그리고 지속적으로 주는 것이 답이다. 물질이든 마음이든 계속해서 주다 보면 그 사람의 마음을 얻어 연인관계, 친구관계로 발전할 수 있다. 우리 속담에 열 번 찍어 안 넘어가는 나무 없다고 하지 않았는가. 여기서 중요한 것은 한 번 주고 마는 것이 아니라 지속적으로 줘야 한다는 점이다.

세계적인 심리학자 로버트 치알디니는 상대를 설득하는 6가지 법칙을 다룬 『설득의 심리학』에서 '상호성의 법칙'을 언급했다. 그가 말한 상호성의 법칙이란 간단히 말하면 무조건 주는 것, 즉 'give & take'다. 상대에게 무언가를 얻고 싶다면 먼저 뭔가를 줘야 한다는 것이다. 단, 한 번으로 그치는 것이 아니라 지속적으로 주어야 한다.

부모와 자녀의 관계를 예로 들어보자, 기업 니즈에 따라 구성원 가족 간 소통을 위한 부자캠프를 진행할 때의 일이다. 아버지와 자녀가 함께 프로그램에 참여해 1박 2일을 지냈는데, 아버지와 자녀를 분반해서 각각 질문을 던졌다. 아버지에게는 자녀에게 어떤 부모이길 원하는지, 자녀에게는 가장 좋아하는 사람이 누구인지 물었다. 아버지들은 자녀에게 '친구 같은 아버지' 또는 '존경받는 아버지'가 되길 원했다. 반면에 자녀들은 가장 좋아하는 사람으로 대부분 친구나 제3의 인물을 꼽았다. 아버지의 기대와 달리 이런 상황이 벌어진 이유는 무엇일까? 자녀들의 다음과 같은 답변에 해답이 있다.

"우리 아빠는 항상 화를 내거나 소리를 질러요."

"아빠는 집에 오면 리모컨을 손에 쥐고 텔레비전만 봐요."

이때 자녀들이 이구동성으로 지적한 것은 가끔 잘해주는 이벤트 대신 매일매일 지속적으로 관심을 표현해달라는 것이었다. 신뢰는 한 번에 이루어지는 것이 아니라 끊임없는 관심과 지지와 표현이 쌓일 때 만들어진다.

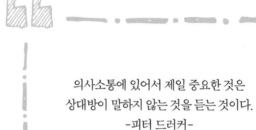

의사소통에 있어서 제일 중요한 것은
상대방이 말하지 않는 것을 듣는 것이다.
-피터 드러커-

2장

유대관계
구축이 먼저다

유대관계 **구축이 먼저다**

1 스몰토크,
관계 형성의 예열 도구

교육을 할 때 구성원 간에 소통을 가로막는 장애 요인으로 무엇이 있는지 설문조사를 한 적이 있다. 많은 사람이 꼽은 장애 요인은 다음과 같다.

1. 고정관념
2. 부서 간 이기주의
3. 이해 부족
4. 세대 차이

이 네 가지는 사람 사는 세상이라면 당연히 존재하는 것들이다. 인간의 뇌는 이기적인데다 의심이 많아서 본능적으로 다른 것들을 배척하는 경향을 지닌다. 그렇게 보았을 때, 우리 몸의 실제적인 지배자이자 생존을 결정하는 뇌의 특성이 소통을 가로막는 근원인 것이다.

우리는 세상을 살아가면서 수많은 사람을 만난다. 세상은 백인백색이라 했다. 백 명이면 백 명 모두가 제 나름의 성격과 가치, 욕구, 관심사 등을 가지고 있다. 똑같은 존재는 어디에도 없고, 모두가 다른 존재인 것이다. 어쩌면 사람은 그래서 모두가 귀한 존재인지도 모른다.

그런데 이렇게 백인백색인 사람이 본능과 이기적인 특성에 따라 각기 다르게 생각하고 행동한다면 어떤 일이 벌어질까? 판도라의 상자가 열린 것보다도 극심한 혼란이 일어나 아비규환의 지옥이 따로 없을 것이다.

다행히도 우리는 그러한 혼란에 빠지지 않도록 제어장치 역할을 해주는 것을 각자의 마음속에 가지고 있다. 인지상정 人之常情이 그것이다. 인지상정은 사람이라면 누구나 가지는 마음이나 생각을 말한다. 인지상정 때문에 우리는 사회와 조직을 만들어 그 속에서 서로 도우며 살아가고 있는 것이다.

이때 각기 다른 성향의 사람들을 친근하게 만들어주고, 유대감을 가지도록 만들어주는 아주 강력한 도구가 있다. 스몰토크small talk가 그것이다. 스몰토크란 일상적인 주제에 대해 편안하고 가볍게 나누는 사소한 대화로 쉽게 표현해 잡담을 말한다. 스몰토크를 통해 사람들은 유대감을 가지게 된다. 스몰토크는 뇌가 지닌 의심이라는 경계를 자유롭게 뛰어넘는 도구일 뿐만 아니라, 이기심을 간단히 무장해제하는 데 탁월한 도구이다.

최근에 스몰토크를 아주 잘 활용하는 치과의사를 만난 적이 있다. 치과는 사람들이 가기를 꺼려 하는 대표적인 곳으로 꼽힌다. 치아를 치료하는 기기들의 소리가 귀에 거슬리기도 하거니와 치아에 닿는 기기의 차가운 느낌이 신경을 통해 뇌에 바로 전달되기 때문이다. 그래서 치과 치료를 하면 안 아프던 머리까지 아프게 느껴진다.

하지만 그 치과의사는 이런 불편한 상황을 까마득히 잊게 할 만큼 수다스러웠다. 시시껄렁한 이야기부터 위트와 유머를 곁들인 일상사에 치료에 관한 세세한 설명까지 그와 이야기를 나누다 보면 치료를 받는다는 것조차 전혀 느껴지지 않았다. '혹시 이 의사에게 수다스러운 아줌마가 빙의된 것은

아닐까?' 하는 생각이 들 정도였다. 그의 말에 모든 신경을 집
중하다 보면 어느새 치료를 받을 때의 두려움이나 불편함은
기억 저편으로 사라지고 없었다.

아이들이 오면 그는 더욱 수다스러워졌다. 아이들이 좋아

하는 뽀로로부터 재미있는 만화영화에 대한 이야기까지 그의 화제는 그야말로 무궁무진했다. 아이들이 치과 치료를 받다 보면 울고불고하게 마련인데, 이곳에서는 그런 모습을 찾아보기가 쉽지 않았다. 더욱이 그는 같이 온 엄마들에게까지 세심하게 말을 건넸다. 이 치과가 동네 사람들에게 많은 사랑을 받는 이유는 그의 스몰토크에 있었다.

우리는 우리와 거북한 관계에 있는 북한과의 남북회담에서도 스몰토크를 볼 수 있다. 첨예한 사안을 논하는 그런 자리에서조차 그들은 악수를 나눈 뒤 날씨나 근황 등에 대해 몇 마디 건네고 덕담을 나눈다. 서로 경계심을 누그러뜨리고 유대감을 쌓아 회담을 잘 마무리하기 위해 스몰토크를 활용하는 것이다. 그 속에는 물론 회담 결과를 자신에게 유리하게 끌고 가려는 의도가 깔려 있다. 이처럼 스몰토크는 서로 관계를 형성하고 소통하기 위해 예열해주는 도구라 할 수 있다.

그렇다면 스몰토크는 어떻게 활용해야 할까?

첫째, 공통 화제를 찾는다. 날씨나 가족, 관심사에 관해 묻거나 칭찬을 하는 것이 대표적이다. 사람들이 만나서 고향이나 졸업한 학교 등을 묻는 이유도 공통 관심사를 찾으려는 의도라고 볼 수 있다. 칭찬의 힘이야 다들 알고 있을 테니 여기서는 따로 설명하지 않겠다. 공통 화제를 찾을 때는 일상적인 관심사나 상대방에 대해 알고 있는 것을 적절히 끌어내 활용하면 된다.

둘째, 대화의 주제를 확장해나간다. 이는 공통 화제에서 다룬 내용을 가지고 다음 단계로 나아가는 것을 말한다. 예를 들어 상대방이 "오늘은 등산하기에 그만인 날씨네요"라고 말했다면 "등산을 무척 좋아하시나 봐요. 지금까지 가본 산 중에서 어디가 가장 좋았습니까?"와 같이 대화의 주제를 바꾸거나 계속 화제를 이어가는 것이다.

셋째, 대화를 계속 이어가도록 상대를 격려하거나 칭찬한다. 이때 상대방의 눈을 보며 고개를 끄덕이거나 미소를 지으면서 대화를 한다면 더욱 효과적이다. 가끔 추임새를 넣는 것도 아주 좋다. "아하!", "그렇군요!", "그래요?" 등과 같은 말로 맞장구를 쳐주는 것이다. 좀 더 적극적으로 보이고 싶다면 "멋지네요!", "굉장하십니다!"와 같은 반응을 보이는 것도 좋다.

당신은 어떤가? 주변 사람들과 이런 스몰토크를 주고받고 있는가? 상대방의 의심이나 경계를 풀기 위해 스몰토크를 자주 활용하고 있는가? 모든 소통은 유대감에서 시작된다. 유대감이 없다면 소통이라는 거대한 성은 절대 쌓을 수 없다.

조직 내에서 가장 대표적인 스몰토크로는 무엇이 있을까? 말하기는 뭣하지만 뒷담화가 있다. 당신도 경험해봤겠지만, 누군가와 뒷담화를 하다 보면 유대감이 형성되고, 그 사람과 같은 편이 되었다는 동료의식이 생긴다. 이것이 개개인의 비난에 머무른다면 경계해야겠지만, 조직 내의 문제나 시스템의 문제에 관한 것이라면 잘 활용할 필요가 있다.

상사나 경영자가 같이 있는 상황에서 조직이나 시스템에 관한 문제를 논하기란 사실 쉽지 않은 일이다. 한때는 제안제도 등이 유행했지만, 최근에는 이마저도 하지 않는 조직이 많아졌다. 이런 경우 회식하는 자리에서 나오는 뒷담화를 제안제도로 적극 활용하는 것도 좋은 방법이다. 단, 이때 반드시 지켜야 할 것이 있다. 의견을 낸 직원의 프라이버시는 반드시 지켜줘야 하며, 문책은 절대 하지 말아야 한다는 점이다.

2 언어적 요소보다 비언어적 요소가 중요하다

"세상은 실제로 아름다워서가 아니라 아름다워질 것이라는 착각 때문에 아름다워진다."

UCLA대학교의 심리학과 교수인 셀리 테일러의 말이다. 사람들은 자신이 아는 만큼 보고, 보는 만큼 믿고, 믿는 만큼 확신한다고 한다. 하지만 정작 이것이 착각이라는 것을 알려주는 특정한 뇌 부위는 없다. 즉, 사람들은 착각인지 진실인지를 구분하는 것이 아니라 자신이 생각하는 대로 재구성을 한다고 볼 수 있다. 눈에 보이는 것이 아닌 눈에 보이지 않는 것이 사람의 마음을 지배하는 것이다.

인간을 오감을 가진 동물이라고 말한다. 우리는 시각·청각·후각·미각·촉각을 통해 1초에 약 1,100만 개의 정보를 받아들인다. 그리고 그중 약 40개 정도만을 뇌에 저장한다. 이 과정에서 생기는 생각의 오류를 착각이라고 한다.

우리는 수많은 정보를 중요도에 따라 분별한다. 그리고 용량에 한계가 있는 뇌에 저장하기 위해 자신이 보고 들은 것을 은연중에 편집한다. 그러고 나서 자신이 원하는 것, 자신이 생각하는 것, 자신이 믿는 것만 뇌에 남겨둔다. 우리가 자신이 원하는 것, 자신이 생각하는 것, 자신이 믿는 것만을 확신하는 착각 속에 빠지는 이유다.

의사소통에서도 착각은 빈번히 일어난다. 대표적인 것으로 비언어적 요소를 들 수 있다. 우리는 언어적 요소와 비언어적 요소를 활용해 의사소통을 한다. 우리는 언어적 요소가 비언어적 요소보다 더 큰 영향을 미치고, 언어적 요소가 호감을 불러온다고 생각하기 쉽다. 하지만 현실은 그렇지 않다. 비언어적 요소가 언어적 요소보다 소통에 훨씬 큰 영향을 미친다.

이것을 증명해낸 사람이 바로 UCLA대학교에서 심리학과 명예교수로 있었던 앨버트 메라비언이다. 그는 자신의 책

『Silent Message』에서 말과 음성, 보디랭귀지 중 의사소통에 가장 큰 영향을 미치고 호감을 불러오는 것으로 보디랭귀지를 꼽았다. 의사소통에 영향을 끼치는 요소를 분석한 메라비언 법칙을 요약하면 다음과 같다.

〈그림4〉 메라비언 법칙

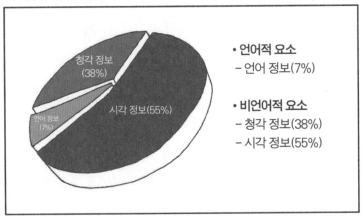

이것을 더 세분화하면 각각의 요소에는 다음의 것들이 포함된다.

· 언어 정보 – 말의 내용

· 청각 정보 – 말투, 억양 등

· 시각 정보 - 몸짓, 손짓, 표정, 시선, 자세 등

의사소통에서 언어적 요소인 말은 의사소통에 겨우 7%밖에 영향을 미치지 않지만, 음성과 비언어적 행동을 포함한 비언어적 요소는 무려 93%의 영향을 미친다는 것을 알 수 있다. 이것은 우리의 뇌가 정보를 받아들이는 방식과도 깊은 관련이 있다. 우리의 뇌는 수많은 정보 중에서 빛을 통해 눈에 들어오는 시각적인 정보를 가장 먼저 받아들이고, 거기에 청각적 요소나 다른 오감 요소를 첨가해 내용을 구체화시켜 받아들인 후, 이를 이미지로 만들어 저장한다.

우리의 뇌는 정보를 저장하거나 끄집어낼 때에도 동일한 순서를 따른다. 우리의 뇌는 이미지나 그림→소리→내용의 순서대로 정보를 저장하고, 그 순서대로 기억을 끄집어낸다. 단지 이 과정이 너무나도 짧은 찰나에 진행되기 때문에 우리가 인지하지 못할 뿐이다. 이미지를 통한 학습법이 오랫동안 인기를 끌고 큰 반향을 가져온 이유도 바로 여기에 있다. 공부를 하거나 학습할 때 이미지로 만들어 정보를 저장하거나 끄집어내면 효과가 매우 크기 때문이다.

그렇다면 비언어적 요소는 우리 삶에 어떤 영향을 끼칠까?

대체로 소통 관련 교육 프로그램에서는 본격적인 프로그램으로 들어가기에 앞서 워밍업 과정으로 교육생들끼리 교감을 나누는 시간을 갖는다. 이때 주로 사용하는 것이 비언어적 요소를 활용한 스킨십이다. 재미있는 점은 비언어적 요소를 적극적으로 활용한 팀과 그렇지 않은 팀을 비교해보면 본격적인 프로그램을 진행할 때 큰 차이가 나타나는 것을 확인할 수 있다는 점이다. 적극적인 팀의 경우, 유대관계가 끈끈하고 의사를 개진하는 데에도 적극적이다. 뿐만 아니라 아이디어나 문제해결 능력에 있어서도 그렇지 않은 팀에 비해 훨씬 우수하다. 비언어적 요소가 만들어준 유대감이 과제나 문제를 실행하는 데에도 큰 영향을 미치는 것이다.

자녀교육에서도 스킨십과 비언어적 요소를 적극적으로 활용하는 아이들과 그렇지 않은 아이들을 조사한 결과 유대감과 커뮤니케이션에서 큰 차이를 보였다고 한다. 이는 감성이나 정서가 소통과 얼마나 깊은 관계가 있는지를 보여준다고 할 수 있다. 또한 정서가 안정된 아이들이 뛰어난 학습 효과를 보였다는 연구결과도 있었다. 이때 비언어적 요소는 감성과 정서를 안정화하고, 유대관계를 강화하는 데 큰 힘을 발휘했다고 한다.

그렇다면 소통을 할 때 활용할 만한 비언어적 요소로는 어떤 것이 있을까? 먼저 음성이 있다. 우리는 목소리만 잘 활용해도 상대방에게 신뢰감을 심어줄 수 있다. 사람들이 일면식도 없는 텔레마케터들에게 상품을 구매하는 이유도 바로 이 때문이다. 물론 목소리뿐 아니라 상품에 대한 지식, 구매욕구 등 다양한 요소가 결합되어 가능한 일이겠지만, 상대방이 전화를 끊지 않도록 신뢰감을 불러일으키는 것은 기본적으로 목소리다.

텔레마케터들의 음성을 잘 들어보면 그들의 목소리에는 공통점이 있다. 텔레마케터들의 목소리는 대개 '솔' 음이다. 그 음역대가 상대의 기분을 좋게 만들고 호기심을 불러일으켜 대화를 지속할 수 있도록 해주기 때문이다. 이러한 조건에서 대화가 지속된다면 어떤 일이 생길까? 상품을 살 가능성이 높아진다.

하지만 항상 똑같은 톤의 목소리는 피해야 한다. 상황에 따라 목소리도 달라져야 한다. 예를 들어 회의나 협상할 때와 같이 이성적인 판단이 요구되는 상황이나 고객의 클레임에 대응해야 하는 경우에는 저음을 사용해야 한다. 그래야 좀 더 진중하게 회의를 진행할 수 있고, 협상에서 상대에게 자신의 마음가짐을 드러낼 수 있으며, 고객의 화를 가라앉힐 수가 있다.

유머를 사용하거나 이야기를 재미있게 이끌어가야 할 경우에는 말하는 톤의 높낮이를 극단적으로 활용할 필요가 있다. 도올 김용옥 선생의 강의를 들어본 사람들은 알겠지만, 그는 톤의 높낮이를 활용해 어렵고 깊이 있는 강의를 정말 재미있게 만든다. 유머를 구사하는데 말하는 톤이 일정하다면 재미는 반감될 수밖에 없다. 아버지가 늦게 귀가하는 자녀에게 "밥 먹었냐?"라고 물을 때에도 같은 말이지만 퉁명스러운 음성으로 묻는 것과 다정한 음성으로 묻는 것은 전혀 다른 결과를 가져온다.

또한 음성과 함께 스킨십을 적절히 활용하는 것도 좋다. 스킨십의 대표적인 예로는 악수가 있다. 악수의 유래가 어찌되었든 간에 서로 신체적 접촉을 한다는 것은 교감을 나누는 데 큰 효과를 발휘한다. "말보다 몸이 먼저 반응한다"는 말도 있듯이 우리의 몸은 말보다 먼저 호불호를 나타낸다. 몸이 좋은 반응을 한다면 다음에 이어질 말은 당연히 좋은 내용일 수밖에 없다.

필자가 아는 한 건강식품업체의 영업 본부장은 고객이나

직원들을 만날 때마다 반갑게 달려가 포옹을 한다. 그런데 옆에서 보기에 좀 과하다는 느낌이 들 정도다. 왜 그렇게 달려가 포옹을 하느냐고 물었더니 그녀는 이렇게 답했다.

"포옹을 하면 상대가 친근하게 느껴져요. 상대방도 마찬가지인 것 같고요. 그래서일까요? 포옹을 하고 나면 직원들과 마음의 벽이 없어진 것처럼 대화도 훨씬 잘 통하고 고객도 쉽게 설득할 수 있어서 계약으로 이어지는 확률이 매우 높았어요."

그녀가 이처럼 포옹을 실행할 수 있었던 것은 고객이나 직원들이 거의 여성이었기 때문이다. 그렇기 때문에 서로 포옹을 통해 강한 유대감을 가질 수 있었던 것이다. 화장실을 갈 때 여자들이 손을 잡고 가는 것도 마찬가지다. 특히 여자들은 스킨십에 훨씬 민감하고 또 약하다.

현대그룹을 일군 고 정주영 회장은 살아생전에 신입사원들과 씨름을 하고, 하계수련회에서는 어깨동무를 하고 노래를 불렀다고 한다. 선견지명을 가지고 일찌감치 스킨십 경영, 스킨십 리더십을 활용한 것이다.

하지만 스킨십이 무조건 좋은 것은 아니다. 스킨십을 할 때에도 주의해야 할 것이 있다. 성희롱으로 비칠 수 있는 행동은 자제해야 한다. 앞서 예를 든 한 건강식품업체의 영업 본부장처럼 동성끼리야 포옹을 하든 손을 잡든 색안경을 끼고 바라볼 사람이 거의 없다. 하지만 이성에게 그러한 행동을 했을 경우, 성희롱으로 비쳐 문제를 야기할 수도 있다. 따라서 상황과 대상에 맞는 적절한 스킨십을 건네야 할 것이다.

3 위기의 주범,
비공식적 소통에 주목한다

당신은 최근 몇 년 사이에 회사 내에서 결재 시스템이나 커뮤니케이션 채널이 눈에 띄게 빨라진 것을 경험했을 것이다. 또한 SNS를 비롯해 스마트폰의 다양한 애플리케이션까지 더해져 실시간 의사소통에 활용되고 있는 추세다. 그런데 이처럼 다양해지고 빨라진 커뮤니케이션 채널에도 불구하고 우리는 왜 소통이 되지 않는다고 말하는 것일까?

이치쿠라 사다무가 쓴 『사장의 경영학-경영전략편1』이란 책에서 그 답의 힌트를 얻을 수 있다. 이치쿠라 사다무는 일본 경제계에서 '사장의 교조'로 알려져 있고, 5,000여 개의 기업을 현장에서 지도한 바 있다. 그는 사장만을 컨설팅하는 이색적인 컨설턴트로서 '회사가 죽느냐 사느냐는 사장 하기 나름'이라는 지론을 펼친 인물로 유명하다.

그는 자신의 책에서 수많은 회사가 어떻게 부실에 빠지는지 그 원인과 과정을 세세히 보여주며 그중 일부가 어떻게 기사회생을 했는지 자신의 현장 지도 경험을 토대로 실례를 들어 생생하게 알려주고 있다. 이 책에서 그는 실패한 기업의 한 예로 '회사가 커져 권한을 위임한 탓에' 위험에 빠진 사장을 보여준다.

기업의 사장이나 관리자는 의사소통을 하는 데 있어 공식적인 것을 중시하고 선호하게 마련이다. 특히 기업의 규모가 어느 정도 커지면 절차에 따른 의사소통 과정으로 책임과 권한을 구성원에게 위임하려 한다. 규모가 커지면서 점차 관리중심으로 변해가는 것이다.

이치쿠라 사다무는 바로 그러한 사장을 예로 들어 책임과 권한의 위임을 경계하라고 말한다. 이는 관리를 하지 말라는 의미가 아니다. 모든 것을 절차에 따라 공식적으로 관리하는 것을 과도하게 맹신하는 것을 경계하라는 의미다.

기업은 공식적으로 두 가지의 의사소통 및 의사결정 시스템을 가진다. 이때 위에서 아래로 내려가는 것을 '지시'라 하고, 아래에서 위로 올라가는 것을 '보고'라 한다. 이것은 다음의 그림과 같이 작동한다.

〈그림5〉 의사소통 및 의사결정 시스템

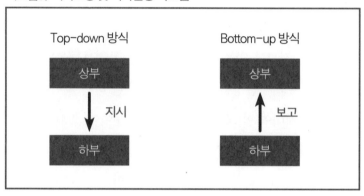

작은 기업, 특히 30명 이하의 기업에서는 이러한 의사소통이 대부분 1:1 방식으로 진행된다. 대부분 사장이 직접 직원 개개인에게 지시를 하고 보고를 받는 것이다. 이런 경우 사장은 직원 개개인의 이름부터 성향, 관심사 등을 파악하고 있다. 그러나 직원의 수가 30명 이상이 되면 상황이 달라진다. 사장이 직접 직원들을 챙기고 1:1로 하기보다는 따로 중간 관리자를 두고 지시를 하거나 보고를 받는 방식을 취한다. 그러면 기업에 어떤 일이 일어날까? 사장이 현장 감각을 잃게 된다. 이치쿠라 사다무는 바로 이러한 부분을 경계한 것이다.

그러나 이것을 극복할 수 있는 방법이 있다. 비공식적인 부분을 그때그때 직접 챙기는 것이다. 정보의 중요성은 새삼 다시 말할 필요가 없을 것이다. 윗선일수록 정보를 얻는 것, 그리고 많은 정보를 얻는 것이 중요하다. 그 정보들을 취합해 직관적으로 의사결정을 하고, 미래 예측을 하는 것이야말로 경영자가 지녀야 할 최고의 덕목이기 때문이다. 또한 경영자는 평사원이 현장에서 얻어낸 사소한 정보에서 중요한 의사결정 요소를 발견하기도 한다. 사람이 자리를 만드는 게 아니라 자리가 사람을 만든다는 말도 있지 않은가.

예를 들어 회식 자리에서 영업부 말단 직원이 거래처 담당자가 너무 자주 바뀐다고 말했다고 가정해보자. 사장은 이를 통해 거래처의 직원 관리 시스템이나 경영 상황이 좋지 않다는 것을 지레 파악할 수도 있다. 또한 배터리가 경쟁사에 비해 너무 빨리 닳는다는 고객 클레임이 많다는 고객센터 직원의 한마디에 개선사항을 찾거나 거래선을 바꿀 수도 있다. 만약 모든 것을 위임받은 중간 관리자가 이것들을 챙겨서 윗선에 제대로 보고하지 않았다고 생각해보라. 경영자 입장에서는 그러한 위기나 기회를 간과하지 못할 가능성이 매우 높다.

또한 이러한 비공식적인 부분은 기업의 의사소통 문화를 만드는 중요한 도구가 되기도 한다. 앞에서 소통이 되지 않는 것을 동맥경화에 비유했다. 이러한 현상은 특히 내부에서 공식적인 절차만을 강조할 때 나타나기 쉽다. 이런 방식으로 접근한다면 구성원의 의식 속에 비효율적인 기업문화가 자연스럽게 자리를 잡게 마련이다. 직급 간의 높은 벽 때문에 자신의 의사를 허심탄회하게 피력할 수 없다는 생각을 가진다면 그 조직의 구성원들은 가만히 입을 닫거나 자신의 의사를 피력하는 데 주저할 수밖에 없다. 기업과 가정에서 가장 위험한 순간은 구성원이 침묵하고 있을 때라는 것을 반드시 기억해야 한다.

최근 S그룹 A상무님과 조직 내 소통에 대한 이야기를 나눈 적이 있다. 대화 중 직원들과 자신만의 소통 방식이 있는지 물었다. 그는 이렇게 답했다.

"공식적인 자리에서는 공식적인 대화밖에 이루어지지 않습니다. 대화의 수준과 내용도 인간적이라기보다는 업무에 관한 건조한 대화가 대부분입니다. 부하직원이 먼저 다가와 개인적인 고민이나 업무에서 오는 애로 사항을 말한다면 리더로서 더 이상 바랄 게 없습니다. 그러나 그런 경우는 많지 않습니다. 아무리 편하게 대해준다고 해도 리더는 부하에게 여전히 어렵고 부담스러운 존재입니다. 직원들과의 대화에 있어서도 찾아가는 서비스가 좋습니다. 저는 직원들이 찾아오기 전에 먼저 다가갑니다."

그는 덧붙였다.

"'김 대리, 뭐 좋은 일 있나 봐? 오늘 하루 종일 기분이 좋은 것 같은데', '박 과장, 뭐 잘 안 풀리는 일 있어? 조금 전 전화 목소리가 힘이 없어 보이던데'와 같은 말로 직원의 심리 상태에 공감해줍니다. 이처럼 리더가 먼저 다가가면 부하직원은 자신에게 감정적 동지가 생겼다고 생각해서인지 본인의 속내를 다 드러냅니다. 그럼 저는 들어주고 공감하면서 맞장구를 쳐줍니다. 그리고 제가 해결할 수 있는 게 있으면 그 자리에서 조치해주고, 검토해야 할 사항이 있으면 검토 후 가부 여부를 알려줍니다. 이렇게 반복하다 보니 어느 날부터인가 먼저 찾아와 자신의 고민과 애로사항을 말하는 직원이 하나 둘 늘어나더군요."

이는 리더가 직원에게 먼저 다가가 소통하는 것의 모범 사례라 할 수 있다.

한 언론사가 '당신에게 고민이 생기면 누구와 상의를 하겠는가?'라고 설문조사를 한 적이 있다. 핵가족화로 가족 간의 유대감이 줄어들어서인지 대부분 부모나 가족이 아닌 친구를 꼽았다고 한다. 힘들 때 자신을 이해하고, 맞장구를 쳐주고, 조언을 해주는 대상으로 많은 사람들이 친구를 선택한 것이다. 아무리 가족이라도 유대감이 사라지면 소통은 하늘의 별 따기와 같다.

4 적극적으로, 솔직하게 한걸음 다가간다

　세상을 살아가는 모든 사람에게 적극성은 아무리 강조해도 결코 지나치지 않은 말이다. 수많은 자기계발서에서도 적극적으로 살아갈 것을 빠뜨리지 않고 주문하는 것을 보면 세상을 지혜롭게 살아가고 성공하는 삶을 살아가는 데 이보다 중요한 것은 그리 많지 않은 것 같다.

　적극적이라는 말은 기본적으로 '긍정적', '능동적'이라는 의미를 내포하고 있다. 국어사전에서 '적극'이라는 말을 찾아보면 '대상에 대해 긍정적이고, 능동적으로 활동함'이라고 나와 있는 것만 봐도 알 수 있다. 즉 '된다!', '할 수 있다!'

라고 가정하고 성공하기 위해, 성취하기 위해 스스로 어떤 행위를 취하는 것이 바로 '적극'인 것이다.

'커피 하나로 17년 만에 전 세계에 2만 3,000개 매장을 오픈한 기업', '커피를 팔지만, 정작 경험과 라이프스타일을 파는 기업'. 이 문구에서 어떤 기업이 떠오르는가? 그렇다. 스타벅스다. 스타벅스의 창업자이자 CEO인 하워드 슐츠는 창업 초기부터 직원들에게 "스타벅스를 사람들이 커피 한잔과 더불어 편하게 토론하고 재즈를 들으며 쉴 수 있는 오아시스로 만들겠다"라고 했다. 커피를 파는 일반적인 공간이 아니라 새로운 경험을 창조하는 공간이라는 비전을 제시한 것이다. 이런 스타벅스가 위기에 빠진 적이 있었다. 하워드 슐츠는 당시 이 위기를 적극적인 의사결정과 소통으로 돌파했다.

2007년 세계 최대의 커피전문점 스타벅스가 최악의 실적으로 위기에 빠졌을 때의 일이다. 저가 업체들의 급격한 증가로 스타벅스의 주가는 무려 42%나 하락했고, 몸집 불리기에 몰두하다 보니 직원들의 불만은 하늘을 찌를 듯했다. 이러한 위기에서 최고 경영자였던 하워드 슐츠는 이를 획기적으로 타개할 방법을 고민했다. 그는 과연 어떤 방법을 취했을까?

2008년 2월 26일 오후, 그는 미국 전역에 있는 7,100개 스타벅스 매장의 문을 세 시간 동안 일제히 닫는 조치를 단행했다. 그리고 폐쇄한 매장 문에는 다음과 같은 안내문을 부착했다.

'최상의 에스프레소를 선사하기 위해 잠시 시간을 갖고자 합니다.'

매장의 문을 닫은 세 시간 동안 바리스타들은 동영상으로 최고의 커피를 만드는 법을 배웠다. 이 조치로 스타벅스는 무려 600만 달러의 손해를 봤다. 하지만 직원들의 마음은 '사람들이 커피 한잔과 더불어 편하게 토론하고 재즈를 들으며 쉴 수 있는 오아시스를 창조하겠다'라는 하워드 슐츠의 비전으로 불타올랐다.

이 세 시간의 교육으로 매장 바리스트들의 커피 만드는 실력이 급격히 향상되지는 않았을 것이다. 하지만 이 세 시간은 직원들의 마음을 두드리고, 하워드 슐츠의 비전을 급속도로 전파하기에 충분했다. 그리고 2년 뒤, 스타벅스는 11조 원이라는 사상 최대의 매출을 기록하며 제2의 전성기를 맞이하게 되었다.

적극성은 이처럼 마음을 다잡고 대상에 바짝 다가서는 것을 의미한다. 멀리서 방관자처럼 관망을 하는 것이 아니라 생각과 행동의 주인으로서 모든 것을 바짝 당기고 행동하는 것이다. 그러면 어디서 무엇을 하든 삶의 주인이 될 수 있다. 관계나 의사소통에서도 마찬가지다. 한 걸음 물러서는 순간, 당신은 관계나 의사소통의 주인이 아니라 구경꾼이 된다. 그리고 상대는 있어도 없어도 그만인 그저 그런 존재가 되고 만다.

관계나 소통에 적극적이지 않은 사람에게 왜 그렇게 행동하느냐고 물으면 대개 나이 탓, 성격 탓을 하는 경우가 많다. 그러나 그런 사람들의 마음을 자세히 들여다보면 두려움을 가지고 있거나 자신감이 부족하다는 것을 알 수 있다. 그들이 대는 핑계는 자신의 행동에 정당성을 주거나 스스로 위안을 삼기 위해서다.

베스트셀러인 『탁월한 조직이 빠지기 쉬운 5가지 함정』으로 유명한 '경영의 구루' 패트릭 렌시오니는 이렇게 말했다.

"고객과 신뢰 관계를 쌓고 건강한 조직을 만들기 위해서는 무엇보다 고객 앞에서 벌거벗어야 한다."

이 말은 고객과의 소통에 대해 언급한 말이다. 하지만 이 말은 두려움을 가지고 있거나 자신감이 부족한 사람들에게도 유용하다. 고객이라는 말 대신 가족, 회사 동료, 친구, 국민 등 당신이 만나는 모든 사람을 대치해도 통한다.

사람은 본디 적극적이지 않다. 그렇기 때문에 많은 자기계 발서가 '적극성'을 주문하고, 적극적인 사람들이 추앙을 받거나 성공의 반열에 오르는 것이다. 해보는 것만큼, 도전하는 것만큼 세상에 가치 있는 일은 없다. 해보지 않는다면 실패의 반면교사조차도 얻을 수가 없다.

그러니 어렵게 느껴지더라도 적극적이고 솔직하게 한 걸음 다가가라. 그러면 지금까지 보지 못했거나 전혀 생각지도 못한 상대의 진면목을 발견할 수 있을 것이다. 실패하면 또 어떤가. 당신은 그런 행동을 통해 사람들과 소통하고 이해하는 데 한 걸음 더 나아간 것이다. 지금 당장 상대방에게 다가서서 손을 내밀고, 말을 걸고, 듣고 말하라.

5 번지르르한 말보다
진심을 전한다

가끔 TV 예능 프로그램을 보고 있노라면 출연한 연예인들의 입에서 나오는 현란한 말들로 인해 현기증을 느끼곤 한다. 이는 속사포처럼 쏟아내는 그들의 말을 주워들으려는 강박관념 때문이기도 하다. 소통과 관한 교육을 하며 교육업체 대표로 생활하다 보니 자연스레 생긴 직업병인 모양이다.

그런데 연예계의 뛰어난 달변가들, 말하기의 달인들이 뱉어내는 무수히 많은 말장난을 보노라면 안타깝기 그지없다. 감각적이고, 유창하며, 화려한 말 속에서 진심을 찾아볼 수가 없기 때문이다. 그들의 말은 잠깐의 재미를 줄지는 모르지만 대개는 가식적인 사탕발림이나 다른 사람에 대한 험담뿐이라 아쉽다. TV라는 미디어의 속성이 본래 그런 것이라면 할 말은 없지만, 매체의 영향력을 감안했을 때 순기능을 제대로 못하는 것은 정말 안타깝다.

우리 사회는 달변인 사람들이 훨씬 설득력이 강하다는 착각을 많이 한다. 말이 많거나 말을 잘하면 훨씬 쉽게 상대를 설득할 수 있다고 생각하는 것이다. 하지만 정말 그럴까. 만약 그렇다면 세일즈나 협상 분야에서 최고의 성과를 내는 사람은 뛰어난 달변가여야 한다.

그러나 영업의 달인이나 협상의 달인 중에는 말을 더듬거나 성격이 소심해서 말을 잘 꺼내지 못하는 사람이 의외로 많다. 그들은 겉만 번지르르한 달변보다는 좀 어눌해도 진실한 마음을 담아 상대를 설득한다.

경영의 신으로 불리며 많은 경영자들이 스승으로 여기는 교세라 그룹의 이나모리 가즈오는 자신의 저서 『불패경영의 법칙』에서 이렇게 썼다.

나는 항상 사람의 마음을 근본으로 삼아 경영을 하고자 노력해왔다.
좀 더 구체적으로 말하면 굳건한 신뢰를 바탕으로 서로 마음이 통하는 인간관계를 만들어 교감을 나누고 그것을 계속 유지·발전시키는 일에 초점을 맞추고 경영을 해온 것이다.

이나모리 가즈오

사랑받기 위해서는 먼저 남을 사랑해야 하듯이 마음을 근본으로 한 진실한 인간관계를 구축하기 위해서는 경영자들이 순수한 마음을 가지고 사람들에게 먼저 다가가야 한다. 나는 이런 생각에 기초해서 기업의 리더로서 이기적인 본능을 버리려고 노력한다. 나는 항상 구성원의 마음을 헤아리고 회사를 위해서는 어떤 개인적인 희생도 감수하겠다는 강한 의지를 가지고 사리사욕을 버리기 위해 최선의 노력을 다하고 있다.

사람의 마음이 가장 믿지 못하고 변하기 쉽다고 생각할 수도 있지만 한편으로는 사람의 마음처럼 굳건하고 신뢰할 수 있는 것도 없다는 사실이다. 인류 역사상 위대한 인물들을 살펴보면 다른 사람들에 대한 배려심이 깊고 이타적인 마음을 소유한 사람들인 경우가 많다. 하지만 반대로 조직을 붕괴시키고 많은 사람들을 불행하게 만든 수많은 예를 보면 황폐한 마음의 소유자들이 등장하는 것을 흔히 볼 수 있다.

서로의 마음을 알아차리기 위해서는 먼저 진실한 마음을

나누어야 한다. 요란한 말 대신 전심전력을 다해 대화에 임해야 하는 것이다. 우리는 말의 성찬 시대를 살고 있다. 하지만 그 속에서 진정성을 찾아보기는 그리 쉽지 않다. 도대체 왜 이런 일이 일어나는 것일까? 과정보다 결과, 깊이보다 속도에 몰두하는 풍토와 문화 때문이라고 할 수 있다.

20세기 말 우리 사회는 IMF를 거쳐 무한경쟁 시대로 접어들었다. 그 전까지는 자기를 홍보하거나 포장하는 사람을 팔불출로 여겼지만, IMF 이후에는 '자기 PR'이라고 하며 능력으로 여기게 되었다. 그리고 IT 열풍으로 프레젠테이션이 일상화되면서 그중 상당한 비중을 차지하는 말이 세 치 혀의 위력을 드러내게 되었다. 여기에 과정보다 결과, 깊이보다 속도를 중시하는 사회 풍토는 이러한 상황을 더욱 가속화시켰다.

그러나 실제 인간관계와 소통에서는 결과나 속도 지향적인 속성보다는 과정과 깊이를 중시한다. 특히 A→B→C→D와 같이 순차적으로 연결되는 관계나 소통의 특성으로 보았을 때 A→D로의 도약은 사실 쉽지 않다. 유교에서 말하는 순리도 이러한 과정을 거친다. 옛 어른들의 말처럼 급하다고 해서 실을 바늘허리에 꿰서 쓸 수는 없다.

마음에 드는 상대를 만났다고 가정해보자. 앞뒤 재지 않고 바로 프로포즈를 한다면 어떻게 될까? 차일 것이 뻔하다. 아직은 서로 소통의 물꼬가 트이지 않았기 때문이다. 그런 상황에서 관계의 진전을 바라는 것은 연목구어緣木求魚일 뿐이다.

그럴 때는 어떻게 해야 할까? 급한 마음을 버리고 상대의 마음속에 진심이라는 씨앗을 심어야 한다. 씨앗을 뿌리면 뿌리를 내리고 가지를 펼치고 잎을 내고 꽃을 피워 상대가 마음의 문을 활짝 열게 된다. 이때 말이 많거나 화려한 것은 큰 문제가 되지 않는다. 말수가 적거나 더듬거려도 말 속에 진실한 마음과 정성만 담겨 있다면 최고의 달변가가 될 수 있다.

아리스토텔레스는 일찍이 누군가를 설득할 때 에토스Ethos, 파토스Pathos, 로고스Logos가 필요하다고 주장했다. 그것을 세부적으로 설명하면 다음과 같다.

1. 에토스Ethos

습관→성격(인격) 측면, 명성, 신뢰감, 호감 등

• 설득에 60% 정도 영향을 미친다.

2. 파토스Pathos

일시적 특성으로 정의情意, 걱정, 공감, 경청 등으로 친밀감을 형성하

거나 유머, 공포나 연민 등 감정적 측면

• 설득에 30% 정도 영향을 미친다.

3. 로고스Logos

논리, 실증적 자료 등으로 상대방의 결정을 정당화할 수 있는 근거를
제공하는 논리적 측면

• 설득에 10% 정도 영향을 미친다.

그의 주장은 표현과 비율 면에서는 다소 차이가 있을지
모르지만, 오늘날까지도 대체로 정석으로 받아들여지고
있다. 그런데 한 가지 유념할 점이 있다. 아리스토텔레스가
말한 에토스에는 믿을 만한 사람의 말이라는 전제가 붙어 있
다는 점이다. 상품과 상황, 인간관계의 친밀도, 사람의 성별
등에 따라 정도는 달라지겠지만, 인간관계의 신뢰를 나타내
는 에토스는 오늘날에도 여전히 유효하다.

3장

현상보다는
마음을 읽는다

1. 상대가 원하는 것을 읽고 행동한다 I 2. 질문으로 답을 찾는다 I 3. 적극적으로 경청하고 피드백한다 I 4. 역지사지의 자세로 끄덕이고 공감한다 I 5. 편견과 선입견, 고정관념을 버린다 I 6. 상대를 내 편으로 만드는 서비스 언어를 구사한다

현상보다는 **마음을 읽는다**

1 상대가 원하는 것을 읽고 행동한다

최근 들어 사람들의 입에서 세대 차이를 극복해야 한다는 말이 부쩍 늘었다. 사람들이 소통을 방해하는 요인으로 고정 관념, 부서 간 이기주의, 이해 부족, 세대 차이의 순으로 꼽은 것을 보면 세대 차이가 소통에 제법 큰 장벽이 되고 있는 것은 분명하다. "요즘 젊은이들은 말이야"로 시작되는 세대 차이는 조직 내에 갈등이 있고, 소통이 막혀 있다는 것을 방증한다. 또한 세대 차이 안에는 고정관념과 이해 부족이라는 또 다른 악재가 동시에 숨어 있다.

세대 차이를 생각할 때 대표적으로 떠오르는 말이 있다.

"우리 땐 너희처럼 안 그랬다."

많은 사람이 기업 조직이나 학교, 행사나 회식 혹은 일손이 필요할 때마다 이 말을 자주 들었을 것이다. 재미있는 것은 학교에서든 사회에서든 선배라고 해봤자 몇 년 차이가 나지 않는데도 이런 말을 한다는 점이다. 또한 어떤 사람들은 "군기가 빠졌군!"이라는 말로 세대 차를 노골적으로 드러내기도 한다. 심지어 몇 년 차이가 나지 않는데도 이러한데, 직장에서 직급에 따라 몇십 년 차이가 나는 경우라면 세대 차가 얼마나 크게 느껴지겠는가.

그렇다면 세대 차는 왜 생기는 것일까? 기본적으로 연령, 생활환경, 인생 경험 등의 차이 때문에 생긴다. 물론 많은 사람이 '나이 차가 안 나면 더 많은 공감대가 형성될 텐데'라고 은근히 바랄지도 모른다. 또 라이프스타일과 성장 배경이 비슷하다면 자신의 사고방식을 좀 더 잘 이해해줄 수 있다고 생각할 수도 있다.

그러나 그것은 사실상 불가능한 일이다. 현실에서는 상사와 부하직원 간의 나이 차가 아들 뻘 혹은 한 세대가량 차이가 나기도 하고, 자본주의사회에서 다양한 환경과 관심사를 가지고 살아가는 가운데 그것은 가당치도 않다. "우리 땐 너희처럼 안 그랬다", "군기가 빠졌군!"이라고 말하는 상사들은 후배 사원들이 안이한 생각에 빠져 편하고 쉬운 길만 가려 한다고 한탄한다. 정말 그럴까?

내가 좋아하는 시 중에 정현종 시인의 〈섬〉이라는 단 두 줄로 된 짧은 시가 있다.

사람들 사이에 섬이 있다.

그 섬에 가고 싶다.

여기서 섬이란 무엇일까? 시인을 만나 직접 물어보지는 못했지만, 인간 사이의 관계와 소통이 아닐까 싶다. 시인은 어떤 생각으로 섬이라는 단어를 썼는지 모르지만, 나는 여기서 섬이 세대와 이념 등으로 나뉜 우리의 군상이 아닐까 한다.

그렇다면 여기서 섬과 섬 사이를 잇는 다리는 어떻게 놓을 수 있을까? 상대가 원하는 것을 읽고 행동하면 된다. 인간은 나이와 상관없이 누구나 자신만의 꿈이 있고, 이를 실현하고 싶다는 생각을 가지고 있다. 어디 그뿐인가. 가치 기준도 제각기 다르다. 조직 내에서는 누구나 승진이나 연봉 혹은 자기실현 등을 목표로 삼을 것이다. 그것을 얻기 위한 기본적인 필요조건이 바로 관계와 소통이다.

앞에서 소통을 알아보았으니 여기서는 관계에 대해 알아보겠다. 관계라는 단어에서 한자인 '關'은 '관'으로도 읽을 수 있고, '완'으로도 읽을 수 있다. '관'으로 읽을 때는 '잇는다'는 의미이고, '완'으로 읽을 때는 '당긴다'라는 의미를 가진다. 그렇게 보았을 때 관계란 그냥 잇는 것이 아니라 서로를 끌어당겨서 잇는다는 의미가 더 적절하다. 소통과 마찬가지로 관계도 일방적인 것이 아니라 쌍방향이라고 할 수 있는 것이다.

우리가 알고 있는 끌어당김의 대표적인 예로 만유인력의 법칙이 있다. 인간 사이에도 이와 같은 끌어당김의 법칙이 존재한다. 대표적인 것이 호감의 법칙이다. 호감의 법칙이란, 좋은 첫인상처럼 상대를 끌어당기는 것을 말한다. 그렇다면 상대에게 호감을 얻는 최고의 방법은 무엇일까? 아주 단순하면서도 강력한 것으로 상대가 원하는 것을 해주는 것이 있다.

많은 경영학자가 조직을 하나의 생명체에 빗대곤 한다. 건강한 생명체란 혈액순환이 잘되고, 뇌의 지시에 따라 신체가 일사분란하게 움직이며, 바이러스와 같은 외부의 침입이나 위기에 적극적으로 대응해 이겨내는 것을 말한다. 그로 인해 얻어지는 것은 지속적인 성장과 편안함과 안정감이다.

조직도 마찬가지다. 소통이 잘되고, 리더의 지시에 따라 조직 구성원이 일사분란하게 움직여 경쟁업체나 불황과 같은 위기를 극복해야 건강한 조직이다. 그래야 조직과 조직 구성원이 성장을 하고, 편안함과 안정감을 가질 수 있다.

당신이 모든 분야에 '능통'할 수는 없다. 모든 분야에 능통하려면 엄청난 공부를 해야 한다. 그러나 모든 사람과 소통을 하는 것은 가능하다. 상대가 원하는 것을 해주면 된다. 이 얼마나 단순하고 쉬운 일인가. 소통하지 않고 호통만 치는 리더 밑에는 분통 터지는 팀원만 있을 뿐이다.

미국의 한 유명한 야구감독이 이런 말을 했다고 한다.

"진짜 대단한 선수가 되고 싶은가? 그렇다면 공을 향해 배트를 휘두르지 마라. 공을 던진 자의 마음을 향해 배트를 휘둘러라!"

정말 소통을 잘하는 사람은 상대방의 마음을 읽고, 그가 원하는 것을 해주는 사람이다. 그런 사람을 어떻게 따르거나 좋아하지 않을 수 있겠는가? 그러니 외적인 현상 대신 그 사람이 원하는 걸 읽어라. 그러면 당신도 그 사람의 마음에 소통이라는 홈런을 날릴 수 있을 것이다.

2 질문으로
답을 찾는다

당신은 다른 사람과 관계를 가지거나 소통을 할 때 상대의 바람이나 요구 혹은 단서를 알고 싶을 것이다. 이때 가장 쉽고 효과적인 도구는 무엇일까? 바로 질문이다. 질문 전문가이자 경영 컨설턴트인 도로시 리즈는 자신의 책『질문의 7가지 힘』에서 질문의 마력을 다음과 같이 7가지로 정리했다.

1. 질문을 하면 답이 나온다.

2. 질문은 생각을 자극한다.

3. 질문을 하면 정보를 얻는다.

4. 질문을 하면 통제가 된다.

5. 질문은 마음을 연다.

6. 질문은 귀를 기울이게 한다.

7. 질문에 답하면 스스로 설득이 된다.

특히 아이를 키우는 엄마에게 질문은 매우 유용하다. 아이들은 성인보다 솔직하기 때문에 질문으로 그날 있었던 일이나 고민은 물론 아이의 속마음을 파악하는 데 아주 효과적이다.

그러나 비즈니스 관계나 인간관계에서 질문으로 답을 얻으

려면 좀 더 세밀하면서도 한 차원 높은 사고가 요구된다. 즉, 무조건 질문을 하는 것이 아니라 질문에 다양한 기술을 가미해야 한다. 그렇다면 소통을 위한 질문은 어떻게 해야 할까?

1. 'Yes'나 "No"로 답하는 질문은 피하라

부모의 질문 유형 중 아이들이 가장 싫어하는 질문 유형이 있다고 한다. "학교(혹은 학원) 잘 다녀왔니?"와 같은 질문이다. 이런 질문을 계속하면 아이들은 "예"나 "아니오"로 답할 수밖에 없다.

조직에서도 마찬가지다. 상대에게 계속해서 "예"나 "아니오"라는 답을 요구하는 질문은 상대의 관심을 끌지 못할 뿐만 아니라, 무성의한 태도를 불러올 수 있다. 이런 식의 질문은 처음 만났을 때나 화제를 불러오는 초기 단계에서는 한두번 먹힐지 몰라도 계속되면 매우 위험하다. 제대로 소통을 하려면 'Why'와 'How' 형태의 질문을 자주 던지는 것이 좋다.

2. 다그치듯 묻지 마라

질문을 할 때 상대를 다그치듯이 하는 경우가 있다. 지시를 하거나 보고를 받을 때 상사가 "……는 안 하셨죠?"와 같이 부정어로 묻는 것이 대표적이다. 이러한 질문은 상대방에게 압박감을 주어 상대로 하여금 마음의 문을 닫고 의무적으로 행동하도록 만든다. 그러면 관계는 얼마 안 가 끊어지고 소통은 단절될 수밖에 없다.

말이나 질문은 말하는 사람의 의도와 의중, 의지를 반영한다. 상대가 말이나 질문에서 한 수 접고 들어가야 한다고 느끼게 되면 형식적으로 답하거나 할 말을 숨기게 된다. 불통의 시작이 질문에서 비롯되어서는 절대 안 된다. 따뜻한 어투로 질문해 용기를 북돋우고 동기를 부여해야 한다.

3. 세심하게 질문하라

목표로 하는 답을 찾는 과정에서 질문은 매우 중요한 역할을 한다. 이때 유대관계는 필수이다. 목표로 한 답을 찾으려면 세심한 관심과 관찰이 필요하다. 그것이 전제되지 않는 질문은 배를 산으로 가게 만들 수 있다.

특히 성인의 경우, 자신의 정치적 혹은 관계적 측면을 고려하여 적당히 대답을 포장하거나 의중을 숨길 때도 있다. 그런 경우 당신은 비언어적 요소까지 함께 읽어야 한다. 말보다 오히려 정직한 것이 눈빛이나 행동일 수 있기 때문이다. 따라서 평상시에 상대방의 행동과 습관 등을 미리 관찰하고 파악해 말과 함께 상대의 심리를 종합적으로 판단해야 한다.

또한 한꺼번에 모든 것을 얻겠다는 생각을 접고 하나씩 차근차근 얻어간다는 생각으로 질문을 해야 한다. 한꺼번에 모든 것을 얻으려 하다가는 상대의 반감을 사 더 많은 것을 놓칠 수도 있다. 따라서 계단을 하나씩 오르는 심정으로 '기-승-전-결'로 이어지는 질문의 단계를 고려해서 질문한다.

4. 답을 얻을 때까지 질문하라

질문은 궁극적으로 답이라는 결과를 가정하고 던진다. 따라서 답이 나오지 않는다면 그것은 질문이 아니다. 그렇다고 해서 똑같은 내용이나 똑같은 형태의 질문을 계속해서 던져서는 안 된다. 상대가 마치 취조를 당한다는 느낌을 받을 수 있다. 그렇다고 해서 이것이 항상 정답은 아니다. 상황에 따라서는 같은 질문을 한 번 정도 반복할 필요도 있다.

기업 강의를 할 때면 '자신의 업'에 대해 보통 세 번가량 질문을 하곤 한다. 처음에는 당황해서 자신의 직무를 말하지만, 같은 질문을 계속하면 자신의 직무가 자신에게 어떤 의미를 주는지, 더 나아가 직무에 대한 철학과 나아갈 방향까지 말하며 스스로 질문의 답을 깨닫기도 한다. 이처럼 같은 질문을 반복하면 답은 더 구체화된다.

하지만 같은 질문을 던질 때는 주제 선정에 한계가 있다는 것을 유념해야 한다. 예를 들어 꿈이나 희망처럼 추상적인 것을 물을 때에는 그런 질문이 유효할 수 있다. 그러나 명확한 답이 있거나 비즈니스에 관한 소통을 할 때에는 형식이나 단어를 바꿔서 질문을 하는 것이 좋다.

3 적극적으로
경청하고 피드백한다

일본에서 '경영의 신'으로 추앙받는 마쓰시타 고노스케는 "나는 소학교만 다녔기 때문에 아는 것이 별로 없어서 누구의 이야기든 주의 깊게 듣는다"며 "다른 사람의 말을 경청하게 되면 생기는 이득이 많다"라고 말했다. 그는 처음에는 배우기 위해 들었지만, 나중에는 그로 인해 사람을 얻을 수 있었다고 덧붙였다. 다른 사람의 말을 들어주는 것 하나만으로도 사람들이 자기편이 되어 자신을 잘 따른다는 사실에 스스로도 놀랐다고 한다.

진지하게 잘 들어주면 사람들은 호감을 느끼게 마련이다.

다른 사람의 이야기를 잘 경청하는 것만큼 중요한 대인관계 기술은 없다. 하지만 경청을 할 때는 귀로 듣고 눈으로 보아야 한다. 상대방의 표정이나 시선, 자세나 태도, 움직임 등은 언어로 표현되는 메시지를 적극적으로 반영하기 때문이다.

경영 컨설턴트이자 고객 서비스 전문가인 일레인 해리스는 좋은 경청자의 조건을 다음과 같이 요약해 제시했다.

1. 진지함을 보여라.

2. 말하는 사람의 생각을 방해하지 마라.

3. 머리를 끄덕여라.

4. 말허리를 자르지 마라.

5. 상대가 말한 것을 다시 한 번 바꿔 말하라.

6. 말하는 쪽으로 몸을 기울여라.

7. 긍정적인 코멘트를 하라.

8. 편안하게 눈을 맞춰라.

최근에 사람들을 만나면서 곰곰이 생각해보니 대부분 듣기보다는 말하기를 좋아한다는 사실을 알 수 있다. 자기 PR 시대라서 그럴 수도 있다. 하지만 그보다는 인간이란 본래 자신을 숨기거나 감추기보다는 드러내거나 표현하기를 좋아한다는 생각이 들었다.

영국의 시인이자 비평가인 존 시먼즈는 경청에 대해 이렇게 말했다.

"잘 경청하는 것은 제2의 유산이다."

그의 말을 굳이 빌릴 필요도 없이 듣기의 중요성은 아무리 강조해도 지나치지 않다. 그런데 말하기를 좋아하는 현대인 중 정작 듣기까지 잘하는 사람을 찾기란 그리 쉽지 않다. 듣기를 단순히 듣는 행위 자체로만 한정해서 생각하기 때문이다.

그래서일까. 성공한 사람들의 성공 요소를 조사한 한 연구에서 그들의 가장 중요한 특징 중 하나로 '경청'을 꼽았다고 한다. 그 이유로 듣는 태도가 좋은 사람들은 참을성, 동정심, 애정, 이해, 이타심, 집중, 균형 감각, 관대함, 개방성, 사려 깊음, 지적 능력, 감정이입, 열중이라는 특징을 가졌기 때문이었다고 한다.

중국 당나라 태종 시대에 '정관貞觀의 치治'라는 태평성대를 일군 사람으로 위징魏徵이라는 인물이 있다. 한번은 위징이 태종에게 이렇게 말했다.

"폐하, 마음을 열고 폭넓게 의견을 들으면 총명해지지만,

꽁한 마음으로 듣기 좋은 말만 가려서 들을 경우에는 미망에 사로잡힐 수 있습니다."

여기서 '총명聰明'이란 기억력이 좋고 영리하며 재주가 있는 것을 뜻하고, '미망迷妄'이란 사리에 어두워 실제로는 없는 것을 있는 것처럼 생각하는 것을 의미한다. 그는 이 말을 통해 백성과 신하들의 말을 겸허한 태도로 경청할 때 통치자가 미망에 사로잡히지 않고 총명해진다는 사실을 태종에게 강조했던 것이다.

그렇다면 소통을 하기 위해서는 어떻게 들어야 할까? 경청의 3요소인 'Sensing', 'Attending', 'Reflecting'을 통해 잘 듣는 법을 알아보자.

1. Sensing

'Sensing'이란 오감으로 듣는 것을 말한다. 인간은 모든 감각기관을 통해 정보를 인식하거나 받아들이고, 뇌는 이를 바탕으로 판단하거나 대응한다. 따라서 오감으로 듣는다는 것은 온몸으로 상대의 이야기를 받아들여 자기화 혹은 내재화한 후 대응하는 것이라고 말할 수 있다. 체득이라는 말도 있듯이 오감으로 느끼지 않는다면 내 것이 될 수 없고, 상대와의 소통은 요원할 뿐이다. 그리고 오감으로 느낄 때 비로소 배려라는 우리 안의 마음은 외부로 발현될 수 있다.

세종대왕이 한글을 창제한 이유를 담은 훈민정음의 한 구절을 보자.

"나랏말싸미 듕귁에 달아 문자와로 서르 사맛디 아니할쎄 이런 전차로 어린 백성이 니르고져 홇배이셔도 마참네 제 뜨들 시러펴디 몯핧 노미하니라 내 이랄 윙하야 어엿비 너겨 새로 스믈 여듧 짜랄 맹가노니 사람마다 해여 수비 니겨 날로 쑤메 뼌안킈 하고져 할따라미니라."

이 구절에서 세종대왕이 백성들의 심정을 오감으로 받아들인 부분이 '어엿비 너겨'다. '어엿비 너겨'는 '안쓰럽게 혹은 불쌍하게'의 고어로 측은지심과 배려의 마음을 나타낸다. 그 이유는 '서로 사맛디', 즉 서로 통하지 않아서이다. 세종대왕은 오감으로 백성들의 마음을 읽고, 헤아리고, 배려했기 때문에 위대한 군주가 되었던 것이다.

2. Attending

'Attending'이란 주목해서 듣는, 즉 상대의 말 속에서 의중이나 의도를 제대로 파악하는 것을 뜻한다. 우리는 수많은 관계 속에서 대화와 소통을 시도하지만, 상대의 의중이나 의도를 파악하는 데에는 소홀한 것이 사실이다. 그 이유는 평소에 훈련이 되어 있지 않거나 교육을 받지 않아서 그렇다.

예를 들어 "식사는 하셨습니까?"라는 말을 보자. 당신이 거의 매일 듣는 말이겠지만 이 말은 시기와 상황에 따라 전혀 다른 의중과 의도를 지닌다. 단순히 가벼운 인사말이나 화제 전환일 때가 있는가 하면 '식사를 안 하셨다면 같이 하시죠'라는 의미를 가질 수도 있고, 경제적 형편이 안 좋은 사람을 걱정하거나 비꼬는 것일 때도 있다. 상대방의 의도를 알아야 적절하게 대응할 수 있다.

조직, 특히 비즈니스 관계나 협상과 같은 공식석상에서는 그 의미를 파악하는 것이 매우 중요하다. 한순간에 많은 것을 잃거나 얻을 수 있기 때문이다. 당신이 거래처의 구매 담당자와 미팅을 한다고 가정해보자. 구매 담당자가 당신 회사 제품의 불량률이 경쟁사보다 높다고 말하고 있다. 이런 경우, 당신은 반드시 상대의 의중을 읽을 필요가 있다. 그 말이 실제로 그런 것인지, 가격을 낮춰 달라고 던지는 말인지 알아야 적절한 대응이 가능하다.

3. Reflecting

'Reflecting'이란 상대의 말을 오감으로 듣고, 의도를 파악한 후 이를 반추하고, 반영하는 것을 뜻한다. 이것은 상대방이 표현한 내용에 사실적·정서적 이해를 보여주는 것으로, 자신의 이해 정도를 전달하고 맞는지를 확인하는 작업이라고 할 수 있다. 이를 통해 당신은 상대의 말에 관심을 가지고 있을 뿐만 아니라 충분히 이해하고 있다는 느낌을 줌으로써 더욱 밀도 높은 소통으로 나아갈 수 있다.

소통이란 일방적인 것이 아니라 서로에게 피드백을 주는 것을 전제로 한다. 피드백이 없는 소통이란 존재할 수 없다. 피드백을 하는 것이야말로 소통이라는 그림에 방점을 찍는 마지막 작업이라 할 수 있다.

회사에 출근할 때를 생각해보자. 복도에서 다른 부서 직원과 서로 눈이 마주쳤다. 그 직원이 당신에게 미소를 띠며 가볍게 목례를 한다. 당신에게 "안녕하세요"라고 인사를 하는 것이다. 이때 서로 교감을 나누고 소통을 하려면 그 직원이 한 것처럼 미소를 띠며 가볍게 목례를 하면 된다. 당신이 그렇게 하지 않을 경우, 상대는 마음에 독을 품을 수도 있다. 그것도 소통에 아주 치명적인 독을 말이다.

피드백은 상대의 의도에 대한 대응이자 행동이다. 산에서 "야호!" 하고 소리를 질렀는데, 메아리가 돌아오지 않는다면 누가 그런 행동을 하겠는가. 소통은 지속적인 피드백을 통해 서로의 의중을 파악해가는 과정이다.

작고한 스티브 잡스는 살아생전에 CEO최고경영자가 아닌 CLO최고경청자로 자신을 소개했다고 한다. CLO에서 L이란 'Listening'을 의미한다. 천재적이고, 독선적이라는 평가를 받으며 애플의 성장을 이끌었던 그가 지향했던 것이 경청이었다는 것은 시사하는 바가 크다.

4 역지사지의 자세로
끄덕이고 공감한다

비언어적 요소와 비공식적 부분이 소통과 공감에서 중요하다는 것을 앞서 설명했다. 이러한 부분은 본능과 학습을 통해 얻을 수 있다. 대부분의 인간은 태어나면 엄마의 가슴에서 소통하는 법과 공감하는 법을 배우게 된다. 그러나 어릴 적 소통과 공감을 경험하지 못한 사람들은 '유아 동경infant yearning', 즉 유아기 때의 엄마 품을 그리워해 원초적 경험으로 회귀하려는 경향을 보인다고 한다.

'공감하기empathy'란 상대의 주관적인 기분과 입장에 대해 정서적으로 이해하는 것을 말한다. 공감을 하면 상대방에게 자신이 표현한 내용에 대한 사실적인 이해는 물론 감정 또한 잘 이해하거나 수용하고 있다는 느낌을 주게 된다. 따라서 공감하기는 신뢰감을 증대하고 인간관계를 심화하는 중요하고 강력한 수단이라고 할 수 있다.

상대방과 공감하기 위해서는 역지사지의 자세가 필수다. 그리고 앞서 메라비언의 법칙에서 잠깐 언급했듯이 비언어적 요소를 잘 활용해야 한다. 우리가 소통하고 공감할 때 활용할 만한 비언어적 요소로는 어떤 것이 있을까?

1. 심리적 거리

우리는 친밀한 사람과 대화를 나눌 때는 서로 가까이 앉는 반면 친밀하지 않은 사람과는 멀찍이 떨어져 앉는다. 사람은 이처럼 공간 행동을 통해 자신의 의사를 표현하고, 상대방과 의사소통을 한다. 그리고 두 사람 사이의 물리적 거리는 친밀감이 높을수록 좁아지는 경향을 보인다.

동물들은 자신만의 공간이나 영역을 확보하려는 본능을 지니고 있다. 거기에 자신만의 방법으로 영역 표시를 하고, 다른 동물이 그 영역에 침입하면 공격적인 반응을 보인다. 인간도 자신만의 개인적인 영역으로 다른 사람이 들어오면 불편함이나 위협을 느낀다. 반면에 친한 사람이나 친하고 싶은 사람의 경우에는 더 가까이 다가가거나 자신에게 가까이 오는 것을 허락한다. 따라서 상대방과의 심리적 거리를 좁히고 싶다면 상대에게 다가갈 필요가 있다.

2. 얼굴 표정

얼굴 표정은 개인의 감정을 표현하는 대표적인 비언어적 수단이다. 미소를 짓는다는 것은 상대방에게 호감, 기쁨, 만족을 나타내는 반면 인상을 찡그리거나 입술을 깨무는 등의 행위는 불쾌감, 분노 혹은 단호한 의지를 나타내는 것이라 할 수 있다.

인간의 표정을 오랫동안 연구한 폴 에크만에 따르면 얼굴에는 기쁨, 놀람, 공포, 슬픔, 분노, 혐오와 같이 인간의 6가지 기본 정서를 나타내는 근육의 독특한 운동 패턴이 있다고 한다. 특히 훈련받지 않은 사람의 경우에는 표정에서 자연스레 자신의 감정이나 표정 습관이 나타나는데, 이러한 기본 정서에 대한 얼굴 표정은 문화나 종족에 관계없이 거의 동일하다고 한다. 그러니 평소에 상대의 표정을 면밀히 살피고, 항상 밝은 표정으로 상대를 대해야 할 것이다.

3. 눈 마주침

눈 마주침은 상대에 대한 관심을 표현하고, 여러 가지 감정을 표현하는 수단이다. 미국인들은 대화할 때 상대방의 눈을 직시하는 것을 매우 중요하게 여긴다. 그들은 어릴 적부터 상대방의 눈을 들여다보면서 대화하는 방식을 훈련받는다. 눈을 마주치는 시간은 관심이나 흥미 정도를 나타내는 중요한 단서가 된다. 눈빛의 강렬함은 눈동자의 크기에 비례하며 심리적 흥분 정도를 반영한다. 상대편과 눈이 마주친 순간, 웃으면서 인사를 나누는 것은 인간관계에서 기본이다.

4. 몸짓

의사소통 과정에서 손, 팔, 머리, 몸통 등 신체의 움직임을 적절히 사용하면 메시지의 의미를 더욱 분명하고 강력하게 전달할 수 있다. 인간관계나 소통에서 특히 중요한 몸짓으로 인사가 있다. 인사는 상대방에게 반가움, 호감, 경의, 존경 등을 표현하는 행동이다. 하지만 인사는 문화권마다 각기 다르다는 것을 유념해야 한다. 그 문화권에서 일반적으로 받아들여지는 인사법을 배워 적절히 대응하는 것도 중요한 소통의 기술이다.

또한 팔짱을 끼거나 다리를 꼬고 앉으면 '건방지다', '예의 없다'라는 인상을 주기 쉽다. 미국에서도 팔짱을 낀 모습은 상대방에게 '나는 지금 방어적이다', '너의 말을 받아들이지 않겠다'와 같은 뜻으로 전달된다고 한다. 이렇듯 자신의 하찮은 몸짓과 행동이 상대에게 안 좋은 인상을 줄 수도 있다.

상대의 그러한 몸짓이나 행동을 통해 심리를 파악해서 대응하는 것도 매우 중요하다. 특히 상대가 말을 할 때 눈이 마주치면 고개를 끄덕여 적극적으로 공감을 표시해야 한다. 그때 "네, 그렇군요", "정말요?" 등과 같이 적절한 추임새를 넣는다면 금상첨화다. 상대는 이러한 행동에 더욱 신이 나서 자신의 이야기를 진행해나갈 것이다.

이처럼 당신은 비언어적 요소를 통해 다양한 정보와 관심, 흥미를 전달할 수 있을 뿐만 아니라 상대의 심리도 읽을 수 있다. 하지만 그 의미가 항상 동일하게 전달되거나 해석되는 것은 아니다. 따라서 각각의 상황과 맥락에 대한 이해는 필수다. 그래도 판단이 잘 되지 않는다면 허심탄회하게 질문을 하면 된다.

5 편견과 선입견,
고정관념을 버린다

    당신은 인간을 '○○의 동물'과 같이 빗대는 것을 수없이 들었을 것이다. 이는 인간이라는 영장류가 동물이라는 것, 본능에 상당 부분 의존한다는 사실을 인정하는 데서 출발한다.

    그런데 소통 교육을 하다 보면 인간이 '편견의 동물'이라는 생각을 하게 된다. 멀리 갈 것도 없다. 당장 나부터 그렇다. 교육과정을 진행하면서 나를 포함한 많은 사람이 편견을 가지고 있고, 그것을 깨기가 생각보다 쉽지 않다는 것을 자주 경험한다.

    편견은 인간이 생존하는 데 절대적으로 필요한 방어기제

에서 비롯되었다. 인간의 뇌는 용량에 한계가 있어 모든 정보를 저장하거나 기억하기가 불가능하다. 그 방어기제로 생겨난 것이 망각과 편견이다. 망각이란 컴퓨터의 'Delete' 키처럼 정보를 지우는 것이고, 편견이란 정보를 쉽게 저장할 수 있도록 패턴화하거나 집합화하여 'X=Y'라는 식으로 만드는 것을 말한다. 결국 편견이란 어떤 사물이나 사상을 이미지로 고착화한 편향된 고정관념인 것이다.

편견의 대표적인 예로 혈액형을 들 수 있다. "A형은 소심하고, B형은 다혈질적이며, AB형은 바보 아니면 천재, O형은 둥글둥글하다"라는 말 속에는 혈액형에 대한 편견이 자리하고 있다. 심지어 이상형을 고를 때 특정 혈액형을 지정하는 사람도 있다. 그러나 혈액형에 대한 편견을 가진 곳은 사실 그리 많지 않다. 전 세계에서 우리나라와 일본을 비롯한 몇 개국에 불과하다. 수많은 사람을 네 가지 혈액형으로 분류하여 패턴화한다는 것이 과연 가능한 일이겠는가?

그렇다면 사람들이 편견을 가지는 이유는 무엇일까? 패턴화·집합화가 심리적 안정감을 주기 때문이다. 즉, 상대에 대한 기대치를 줄이면 나중에 상처를 덜 받을 수 있고, 다른 사람을 차단하거나 멀리할 수 있는 구실을 찾을 수 있으며, 자신의 행동이나 생각을 정당화할 수 있기 때문이다. 하지만 편견과 선입견은 사람들의 생각을 옭아매어 소통과 공감, 변화와 혁신을 가로막을 수 있다는 점에서 유의해야 할 대상이다.

국내 기업에서 여직원은 커피 심부름이나 하다가 결혼하면 퇴직하는 존재로 생각하던 적이 있었다. 여직원이 남직원에 비해 열등하다는 편견과 선입견을 가지고 있었던 것이다. 특히 수학이나 공학 분야에서 이러한 경향이 두드러졌다. 지금은 상황이 많이 나아졌지만, 그런 편견과 선입견이 완전히 사라진 것은 아니다. 특히 대기업의 경우, 여전히 여성들의 임원 비율이 채 2%도 되지 않는다는 조사 결과가 발표된 적도 있었다.

피부색이 다른 외국인 노동자들에 대한 편견과 선입견은 또 어떤가. 국가 간 장벽이 무너진 지금 외국인들과 함께 일하는 다문화기업이 크게 늘어났지만, 유색인종을 비하하거나 무시하는 문화가 팽배한 것이 사실이다. 미국의 최첨단 기업인 구글은 이에 대해 어떻게 대처하고 있을까?

2016년 5월 18일(현지시간)부터 사흘간 진행된 구글 연례 개발자 회의인 'Google I/O 2016'에서는 특히 여성 엔지니어들의 참여가 두

드러졌다. 비중 자체는 23%를 차지해 지난해와 동일했지만, 올해 구글 I/O의 규모가 지난해보다 25% 확대되었다는 점을 감안하면 그 수가 크게 늘어난 것이 사실이다.

최근 몇 년간 구글은 구글 I/O에서 무대에 오르거나 세션을 진행하는 여성의 숫자를 늘리고 여성 참가자의 비중을 확대해왔다. 그리고 IT 업계 컨퍼런스에서 빈번하게 발생하는 성차별을 방지하기 위해 지난해에 이어 올해도 2년 연속으로 커뮤니티 가이드라인과 성희롱 방지 정책을 실시하고 있다.

구글은 올해 처음으로 구글 I/O 참가자의 인종별 구성 비율도 공개했다. 백인은 41%, 흑인은 2%로 2015년과 유사하지만, 히스패닉은 5%(2015)→6%(2016), 아시안은 26%(2015)→30%(2016)로 늘었다.

2015년 구글 I/O에서 처음으로 신청자들의 인종 데이터를 (동의하는 경우에 한해 자발적으로) 요청하여 신청자들의 다양성에 대해 이해하기 시작했고, 지난 1년간의 노력을 통해 아시안, 히스패닉의 비중이 증가하는 성과를 거뒀다. 이에 대해 구글은 기술 부문에서 상대적으로 소외되어 있는 여성과 소수자들의 숫자를 늘리고 존재감을 높이기 위해 추진하고 있는 광범위한 노력의 일환이라고 설명했다.

구글은 직원 구성에 있어 다양성 확대 노력이 필요하다는 것을 인지하고, 단기적이고 부분적인 해결 방안을 찾는 대신 업계 전반에 영향력을 미칠 수 있는 지속적인 다문화 환경 구축 방안에 대해 고민하고 있다. 최근 몇 년간 구글은 구글 I/O에서 무대에 오르거나 세션을 진행하는 여성의 숫자를 늘리고 여성 참가자의 비중을 확대해왔으며, 이제는 구글 I/O를 인종적인 측면에서도 다양성이 더욱 확대된 행사로 만들기 위해 노력 중이다.

IT 업계 컨퍼런스에서 빈번하게 발생하는 성차별을 방지하기 위해 지난해에 이어 올해도 2년 연속으로 커뮤니티 가이드라인과 성희롱 방지 정책을 실시하고 있으며, 한편으로는 장애를 가진 사람들도 구글 I/O에 좀 더 쉽게 접근할 수 있도록 노력하고 있다고 밝혔다. 순다 피차이 구글 CEO가 진행하는 키노트와 개별 세션에 대해 실시간 자막을 제공했다.

이처럼 구글은 여성과 인종, 장애인 등 세상의 편견과 싸우며, 다양성을 확대 재생산하고 있다. 이는 다양성을 인정하는 것이 생산성과도 직결된다는 의미이다.

출처 : IT뉴스

당신은 '사일로 현상'이라는 말을 들어보았는가? '사일로 Silo'는 자기 자신의 입장만을 고집하는 부서 이기주의를 일컫는다. 사일로는 곡식을 저장하는 저장고를 뜻하는 말로, 전체를 보기보다는 부문주의에 빠져 자신들의 이익만을 추구하는 행태를 사일로 현상이라고 한다. 조직이 사일로 현상에 빠지면 사내의 소통이 끼리끼리 이루어지고 부서 간 협력이 뒤로 미뤄져 어려움에 직면하게 된다. 이것을 부추기는 것도 바로 편견과 선입견이다. 자신의 부서가 최고이고, 자신의 부서가 살아남아야 자신이 살아남을 수 있다는 선입견 말이다. 그런 편견과 선입견이 조직 전체를 구렁텅이로 빠뜨릴 수 있다.

6 상대를 내 편으로 만드는
서비스 언어를 구사한다

서비스라는 말은 본래 노예라는 의미의 라틴어 'servus'에
서 유래한 것으로 '시중을 들다', '봉사하다', '접대 또는 대접
하다'는 의미를 지니고 있다. 우리는 서비스란 말을 고객 응
대를 하는 기업 현장에서나 사용하지만, 서비스 산업이 발달
한 미국의 경우에는 수많은 단어에 서비스라는 단어가 일상
적으로 붙곤 한다.

예를 들어 우리에게는 가장 권위적인 단어로 느껴지는 군대
나 행정이라는 단어만 하더라도 미국에서는 Military Service,
Civil Service로 표현된다. 그뿐만이 아니다. 의료의 경우

도 Medical Service라고 하며, 수리라는 것도 Maintenance Service로 표현한다. 서비스라는 단어를 이렇게 광범위하게 사용하는 것만 봐도 '미국은 서비스의 나라'라는 말이 결코 무색하지 않다. 어쩌면 그들이 일상적으로 드러내는 친절과 배려는 이러한 단어의 활용에서 비롯된 것이 아닐까 싶다.

당신에게 질문을 하나 던진다.

"당신의 고객은 누구인가?"

당신의 제품이나 서비스, 물건을 사주는 사람이라고 생각하는가? 물론 맞는 말이다. 하지만 그것은 정확한 답이 아니다. 결론부터 말하자면 모든 사람이 답이다. 당신을 제외한 모든 사람이 당신의 고객이다. 당신의 상사든, 부하직원이든, 지위고하와 남녀노소를 막론하고 당신의 아이든, 당신의 동료든, 당신의 거래처든 모두가 당신의 고객이다.

당신이 조직에서 성공하려면 누구의 도움이 필요한지 한번 생각해보자. 먼저 당신의 상사가 당신을 적극적으로 이끌어주어야 한다. 부하직원은 당신을 격하게 지지하고, 철저하게 뒷받침해야 한다. 고객들은 열광적인 팬이 되어 제품을 사주어야 한다. 어디 그뿐인가. 당신의 가정은 당신이 직장생활에 집중해서 업무를 잘해낼 수 있도록 항상 안정되고 평화로

워야 한다. 당신을 둘러싼 모든 사람이 당신의 성공을 위해 필요한 사람, 즉 고객인 것이다.

그렇다면 그들에게 당신은 어떻게 대해야 할까? 당신의 성공에 필요한 그들을 위해 군림하는 대신 자신을 낮추고 상대를 높여야 한다. 그러면 그들은 자연스레 당신의 성공을 위해 기꺼이 팔을 걷어붙일 것이다. 하지만 정작 현실에서 그런 모습을 찾아보기란 쉽지 않다. 최근 사회 곳곳에서 회자되고 있는 '갑질 논란'만 봐도 그러한 사실을 알 수 있다. 그들의 머릿속에는 서비스의 대상, 즉 모든 사람이 자신의 고객이라는 관계성을 무시하고, 일방적으로 군림하려는 생각이 자리하고 있다. 그런 사람이 리더인 조직에서 과연 외부 고객에 대한 서비스를 잘할 수 있다고 생각할 수 있겠는가.

『삼국지』에서 조조의 영원한 경쟁자이자 오랜 원수인 유비는 전형적인 선인으로 그려진다. 악인으로 평가된 조조와는 달리 유비는 매우 훌륭한 인물처럼 묘사된다. 그러나 유비는 선량한 사람이긴 했지만, 조조와 비교했을 때 무능한 인물이었다. 유비는 조조와의 맞대결에서 겨우 20%가량의 승률을 올리는 데 그쳤다. 이와 반대로 조조는 80%의 승률로 압도적으로 우세를 지켜나갔다.

그러나 조조는 일취월장하여 자기 세력을 키워가면서도 자기보다 몇 수 아래라고 판단되는 유비를 경쟁자로 여기며 언제나 경계심을 늦추지 않았다. 유비가 자신의 무능함을 채우고도 남을 만큼 강력한 무기를 지니고 있었기 때문이다. 삼고초려로 대표되는 것처럼 유비는 자신을 낮출 줄 아는 말과 행동으로 주변 사람들을 포섭할 줄 아는 인간적인 매력을 지닌 인물이었다. 즉, 투철한 서비스 정신이 조조가 유비를 깔볼 수 없었던 근본적인 이유였던 것이다.

서비스 언어는 서비스의 특성처럼 배려의 언어라고 할 수 있다. 당신이 고객을 대할 때를 생각해보라. 상대를 배려하고, 자신을 낮추며, 언어를 순화하고, 에둘러 완곡하게 표현할 것이다. 서비스 언어는 곧 고객 중심의 언어로, 서비스 언어를 사용하면 배려심이 드러나 유대관계가 깊어지고 소통을 불러온다. 그와 달리 조직 중심의 언어는 자기중심적이고, 권위적이며, 결과 지향적이고, 긴장을 조성한다. 이때 주로 사용되는 것은 지시나 명령, 고함이다.

당신이 택시 기사라고 한번 가정해보자. 손님이 택시에 올라탔을 때, 목적지를 어떻게 물을 것인가? "어디까지 가십니까?"라고 묻는다면 이는 조직 중심 언어다. 당신은 "어디로

모실까요?"와 같이 고객 중심 언어로 물어야 한다. 나와 조직을 중심으로 하는 언어가 아니라, 상대를 배려하는 언어를 사용하면 사람들은 당신에게 환호하고 당신과 소통을 하려고 할 것이다.

4장

만사형통을 가져오는
조직 내 소통법

1. 그때그때 수평적으로 꾸준히 소통한다 | 2. 질타 대신 존중하고, 인정하고, 칭찬한다 | 3. 지시와 보고의 기본인 6하 원칙을 따른다 | 4. 창의력을 살리는 끝장토론을 즐긴다 | 5. 메모를 전략적 도구로 활용한다 | 6. 피드백을 통해 코칭으로 리드한다

만사형통을 가져오는 **조직 내 소통법**

1 그때그때 수평적으로 꾸준히 소통한다

축구를 좋아하는 사람이라면 '티키타카tiqui-taca'라는 말을 들어보았을 것이다. 스페인어로 탁구공처럼 왔다 갔다 한다는 뜻으로 짧은 패스로 경기를 풀어나가는 전술이다. 특히 세계적인 스타 플레이어인 리오넬 메시가 뛰고 있는 스페인의 명문팀 FC 바르셀로나가 애용하는 것으로 유명하다. 스페인은 이렇게 짧은 패스를 경기를 풀어가는 티키타카 시스템으로 월드컵 우승은 물론 세계 최고의 축구클럽 팀이 되었다.

조직에서도 티키타카 전술처럼 짧게 그리고 자주 소통해야 한다. 그래야 평소에 조직의 문제나 갈등이 쌓이지 않고

눈 녹듯 사라질 수 있다. 유교적 가치관 속에서 침묵이 금이라고 배워온 우리에게는 이렇게 소통하는 것이 익숙하지 않을 것이다.

대체로 조직에서 큰일이 벌어지는 경우는 문제나 갈등을 모른 체했을 때나 침묵했을 때 일어난다. 침묵은 더 이상 금이 아니라 리스크다. 모른 체하거나 침묵하는 것은 문제나 갈등을 눈덩이처럼 키우는 것과 같다.

근래 들어 감성 리더십이 각광을 받고 있다. 이는 리더십이 그동안 실적이나 성과와 같이 차가운 이성에 과도하게 집중해온 데 대한 반성으로 생겨났다. 하지만 많은 사람이 단지 방법론, 즉 유머나 칭찬 등에만 관심을 보이고 있다. 정작 그 핵심이 소통과 공감이라는 것을 간과하고 있어 아쉽다. 그러한 도구들을 잘 활용해 소통과 공감이라는 큰 그릇을 만드는 것이 궁극적인 목표인데 말이다.

최근 소통하기 위해 상대에게 접근하는 접근 방법의 하나로 잡담에 대한 관심이 높아지고 있다. 잡담이란 주변의 신변잡기나 시시껄렁한 농담 등을 일컫는 것으로 유대감을 형성하는 데 도움을 준다. 당신도 새로운 사람이나 새로운 고객을 만나면 제일 먼저 잡담을 하는 것으로 접근을 할 것이다. 이는 궁극적으로 다음의 목적지를 향한 휴식, 즉 카운터펀치를 날리기 위한 잽쯤으로 볼 수 있다. 정작 가야 할 최종 목적지인 카운터펀치는 소통과 공감이라고 할 수 있다.

젊은 미래학자인 다니엘 핑크는 젊은이들에게 계획을 세우지 말라며 이렇게 말했다.

"스무 살에 이걸 하고 그래서 다음에 이걸 하고……, 하는 식의 계획은 내가 볼 때 완전히 난센스다. 완벽한 쓰레기다. 그대로 될 리가 없다. 세상은 복잡하고 너무 빨리 변해서 절대 예상대로 되지 않는다. 대신 뭔가 새로운 것을 배우고 뭔가 새로운 것을 시도해보라. 그래서 멋진 실수를 해보라. 실수는 자산이다. 실수하는 대신 어리석은 실수를 반복하지 말고, 멋진 실수를 통해 배워라."

이것은 급변하는 시대에 젊은이들에게 계획을 하는 대신 먼저 실행과 도전을 해볼 것을 권유하는 말이다. 이 방식은 소통에도 유용하다. 급변하는 현실에서 한가하게 침묵하고 기다리다 보면 늦은 대응을 할 수밖에 없다. "Present is the present!"라는 말처럼 소통에 있어서도 지금 이 순간에 충실하고 최선을 다해야 한다.

세계 최고의 수재들이 모인 기업가치 1위의 기업 구글에는

래리 페이지

TGIF Thanks God It's Friday라는 행사가 있다. 이 행사는 전 세계 3만여 명의 구글 직원들이 참여하는 파티이자 회의로 금요일에 열린다. 직원들은 정원이나 휴게실에 모여 함께 맥주를 마시며 직급이나 팀에 관계없이 서로 질문을 하고 답을 한다.

이 행사는 CEO가 반드시 참여하는 것으로도 유명하다. CEO는 사전 질문지를 받고 질문을 공개한 후 이에 대한 답을 내놓는다. 이 행사는 구글이 지닌 '수평적 커뮤니케이션' 문화의 핵심이라고 할 수 있다. 이 행사에서 구글의 CEO인 래리 페이지는 빈도수가 많은 순서대로 질문에 답을 한다. 질문은 무엇이든 상관없다. 회사의 이익이나 제품 혹은 CEO 개인의 일상에 관한 내용일 수도 있다. 한번은 이런 질문도 있었다고 한다.

"래리, 당신의 수염이 좀 자란 것 같아요. 혹시 수염을 일부러 기르는 중인가요?"

아마 이 질문을 보고 깜짝 놀라는 사람도 있을 것이다. '경영자에게 저런 질문을 던지다니. 무례한 것은 아닐까?'라고 생각할 수도 있다. 하지만 이렇게 엉뚱하고 사소한 질문을 던질 수 있다는 것은 그 조직이 유연성을 가졌다는 것을 의미한다. 이러한 유연성은 그냥 만들어지는 것이 아니다. 편견과 선입견을 버리고 그때그때, 끊임없이 소통하며 수평적 문화가 조성되었을 때 가능하다. 이럴 때 비로소 창의성의 통로가 열리고, 지속적인 성장과 발전의 문이 열린다.

최근 소통에 대한 관심이 증가하면서 국내에 있는 기업들이 소통을 위한 새로운 시도를 하고 있다. 필립모리스 코리아는 사내에 비디오 게시판을 설치해 본사와 양산 공장의 주요 사항(생산량, 판매량, 경쟁사별, 브랜드별 시장점유율 등)을 직원들이 언제든지 볼 수 있도록 했다. 또한 솔루션 업체인 SAP 코리아는 대리급 사원으로 구성된 '젊은 이사회 프로그램Young Board Program'을 운영하고 있다. 두 달에 한 번씩 열리는 '젊은 이사'들은 사장과 함께 허심탄회하게 회사 경영 전반에 대한 이야기를 나누고 아이디어를 개진한다. 고객만족과 사원만족을 동시에 실현하자는 'Up&Up 캠페인'을 비롯해 사원-사장 간 핫라인 설치, 사우회 조직, SAP데이 축제 등이 이 프로그램을 통해 나온 결과물이라고 한다.

택배 전문회사인 페덱스 코리아의 쿠리어 라이드Courier Ride 제도도 대표적인 사내 커뮤니케이션 사례로 꼽힌다. 이는 신입 사원, 매니저, 경영진이 현장 직원과 함께 유니폼을 입고 직접 배송을 경험하는 제도로 서로의 업무를 이해하자는 취지에서 시작됐다. 매주 정기적으로 시행되는 이 제도를 통해 본사 직원들이 배달 사원이 배송 시 겪는 애로사항과 고객의 반응을 파악할 수 있어 좋은 호응을 얻고 있다.

기업들의 이와 같은 시도는 소통이 꾸준한 교류를 통해 이루어진다는 것을 인식했다는 데 큰 의미가 있다. 앞으로도 이러한 소통 프로그램을 개발하고 활성화한다면 살맛 나는 기업, 더욱 발전하는 기업이 되리라 기대한다.

2 질타 대신
존중하고, 인정하고, 칭찬한다

직장인들이 가장 좋아하는 상사는 어떤 모습일까? 한 취업 포털에 따르면 자신을 인정해주고 존중해주는 상사, 자신을 믿고 신뢰해주는 상사가 1위를 차지했다고 한다. 그렇다면 우리나라 직장인들은 자신이 몸담고 있는 직장에 대해 어떤 생각을 가지고 있을까? 세계 5백대 기업에 인사·조직 관련 컨설팅을 했던 '타워스페린'(왓슨 와이어트와 합병해 현재는 타워 왓슨이 됨)이 한국, 일본, 미국 등 16개국의 직장인을 대상으로 설문조사를 했는데, 그 결과가 가히 충격적이었다. 우리나라 직장인들의 직업과 직장에 대한 불만이 전 세계에서 가장 큰 것으로 나타났기 때문이다.

조사 대상 16개국 중 한국의 직장인들이 업무 스트레스가 가장 많고, 상사에 대한 불만도 가장 심한 것으로 집계됐다. 또한 우리나라 직장인들이 보기에 우리나라 상사들은 부하들의 성과를 정당하게 평가하지 않으며, 부하직원을 존중하지도 않고, 부하직원이 주도적으로 일하도록 권한을 위임하지 않으며, 노하우를 알려주는 것도 아니고, 알아듣기 쉽게 의사전달을 하는 능력도 바닥이라고 평가했다.

이 결과에서 유추해보건대 우리나라 직장인들은 매일 직장에 출근은 하지만, 조직에 대한 소속감이나 충성심이 떨어진다는 것을 쉽게 알 수 있다. 그로 인해 상사의 리더십이나

〈그림6〉 매슬로의 욕구위계론

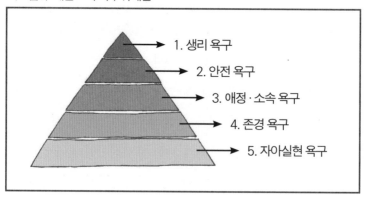

1. 생리 욕구
2. 안전 욕구
3. 애정·소속 욕구
4. 존경 욕구
5. 자아실현 욕구

커뮤니케이션 능력이 떨어지는 것 또한 당연하다.

그렇다면 근본적인 해결책은 무엇일까? 먼저 매슬로Abraham H Maslow의 '욕구위계론'에 대해 알아보자. 매슬로는 이 이론을 통해 다음과 같은 5가지 욕구가 사람들에게 동기를 부여한다고 주장했다.

1. 생리 욕구

굶주림을 면하고 생명을 유지하려는 욕구로 인간이 지닌 가장 기본적인 의식주 욕구부터 성욕까지 포함한다.

2. 안전 욕구

생리 욕구가 충족되면 나타나는 욕구로 위험에서 자신을 보호하고 불안을 회피하려는 욕구를 말한다.

3. 애정·소속 욕구

인간은 혼자서 살 수 없다. 인간은 어딘가에 속해 있음으로써 편안함을 느낀다. 애정·소속 욕구는 가족, 친구, 친척 등 다른 사람과 친교를 맺고, 원하는 집단에 귀속되고 싶어 하는 욕구를 말한다.

4. 존경 욕구

존경 욕구는 2가지 경향으로 나타날 수 있다. 자기 자신에 대한 존중, 즉 세상을 향한 자신감, 적절성, 능력 등을 나타내고 싶은 것이 첫 번째 욕구이고, 다른 사람으로부터 명성, 존경, 인정, 감사를 받고 싶은 것이 두 번째 욕구이다.

5. 자아실현 욕구

앞의 모든 욕구가 채워지면 인간은 자신이 지닌 자아를 실현하려는 욕구를 지니게 된다. 자아실현 욕구는 자신을 계속 발전시키고자 자신의 잠재력을 최대한 발휘하려는 욕구를 말한다. 이 욕구는 다른 욕구와는 달리 충족될수록 더욱 증대하는 경향을 보여 '성장 욕구'라고도 한다. 예를 들어 인지 욕구나 심미 욕구 등이 여기에 포함된다.

여기서 우리는 네 번째 단계인 존경 욕구에 대해 관심을 가질 필요가 있다. 여기서 존경이란 윗사람이 아랫사람으로부터 받는 우러름을 의미한다. 그에 반해 윗사람이 아랫사람을 우러르는 말이 있는데, 바로 존중과 인정이다.

모든 사람이 매슬로가 주장한 것처럼 다른 사람에게서 존경(존중)받고 싶은 욕구를 지니고 있다. 데일 카네기D. Carnegie

는 인간관계에서 성공하는 가장 중요한 법칙으로 '상대로 하여금 자신이 중요한 사람임을 느끼도록 만드는 것'을 꼽았다.

이때 다른 사람을 '중요한 존재로 느끼게 만드는' 가장 효과적인 방법 중 하나가 바로 칭찬이다. 어느 회사에서 직원들을 상대로 '직장 상사로부터 가장 듣고 싶은 말'이 무엇인지 조사했더니 1위는 "수고했어. 정말 잘 했어"(37%), 2위는 "역시 자네야. 자네가 한 일이니 틀림없겠지"(25%)로 나타났다고 한다. 이 결과만 보더라도 직장인들이 얼마나 칭찬에 목말라 있는지를 알 수 있다.

칭찬은 기본적으로 사람을 기분 좋게 만들고, 자긍심을 높여줄 뿐만 아니라 관계와 소통에 윤활유 역할을 한다. 이 세상에 칭찬을 싫어할 사람은 아무도 없다. 심지어 칭찬받기를 싫어하는 것으로 유명했던 나폴레옹도 한 부하가 "각하, 저는 각하를 대단히 존경합니다. 칭찬을 싫어하는 각하의 성품이 마음에 들기 때문입니다"라고 한 말에 흐뭇해했다고 하지 않은가.

당신의 회사에서 브레인스토밍을 한다고 가정해보자. 그때 가장 많이 나오는 말은 무엇인가? "그것도 의견이라고 내놓나?", "그런 의견은 여기에 적합하지 않아 보이는군", "도대체 무슨 생각으로 그런 의견을 내놓는 건가?"과 같이 부정적 의견이 대부분이라면 다음 상황은 보지 않아도 뻔하다. 침묵이 뒤따를 것이다. 그리고 혹여 의견이 떠올랐다고 해도 사람들은 주변의 눈치를 살피며 우물쭈물할 것이다.

사람들은 거절을 당하거나 부정적 의견에 부딪히면 실패에 대한 두려움으로 지레 겁을 먹기 십상이다. 그러면 어떻게 될까? 소통은 물 건너가게 된다. 따라서 활발하게 의사를 개진하고 소통을 이끌어내기 위해서는 상대가 실패에 대한 두려움을 가지지 않도록 긍정적인 말과 칭찬을 적극 활용해야 한다. 하지만 긍정적인 말과 칭찬을 하는 것에도 방법이 있다.

첫째, 그때그때, 바로바로, 적극적으로 해야 한다. 긍정적인 말이나 칭찬할 일이 있다면 바로 그 자리에서 해야 한다. 시간이 지나서 하면 그 의미가 반감될 수밖에 없다. 3분이면 사람의 머릿속 기억은 지워진다고 한다. 그러니 눈앞에서 바로, 잊어버리기 전에 해야 한다.

둘째, 구체적으로 해야 한다. 뭉뚱그려 하다 보면 오히려 놀린다고 생각해서 상대방이 기분 나빠 할 수도 있다. 따라서 언행이나 자세, 태도, 성과에 집중해서 구체적으로 언급하는 것이 좋다.

셋째, 온몸으로 해야 한다. 차분하게 하는 것이 진실성이 있어 보인다고 생각한다면 오산이다. 호들갑스럽지 않게, 약간은 과장을 하는 것이 좋다. 그래야 상대는 정말 긍정적인 말이나 칭찬을 듣는다는 생각이 들 것이다.

넷째, 공개적으로 해야 한다. 그 사람에게 개인적으로 하는 것도 물론 나쁘지 않다. 하지만 공개석상에서 하면 자신감을 북돋을 수 있을 뿐만 아니라 조직의 분위기를 환기하는 효과도 있어서 1석 2조다.

다섯째, 작은 선물과 함께 칭찬하라. 칭찬에 대한 보상으로 작은 선물을 곁들이면 그것을 볼 때마다 그때가 생각나 동기부여가 된다.

이 다섯 가지를 활용해 당신 주변에 있는 사람들에게 긍정적인 말과 칭찬을 적극적으로 해보라. 얼마 지나지 않아 당신은 많은 사람의 마음을 얻을 수 있을 뿐만 아니라 함께 소통하는 행복도 얻을 수 있을 것이다.

3 지시와 보고의 기본인 6하 원칙을 따른다

기업의 인사 담당자와 교육 담당자에게 "신입사원이나 젊은 친구들이 기본이 안 되어 있어"라는 푸념을 자주 듣는다. 여기서 말하는 기본이란 사회생활이나 조직생활에서의 기본적인 자세나 태도를 뜻한다. 그러나 이것은 학교에서 수업시간에 배울 수 있는 것이 아니라 경험과 직관을 통해 몸에 밴 습관에 가깝다. 즉, 공부를 잘한다고 해서 기본이 좋은 것은 아니라는 것이다.

특히 그들이 자주 지적하는 것이 6하 원칙이다. 여기서 6하 원칙이란 누가who, 언제when, 어디서where, 무엇what, 왜why,

어떻게how로, 5W1H라고도 한다. 심지어 한 기업의 교육 담당자는 군대를 다녀온 남자 직원들조차도 6하 원칙을 제대로 지키지 않는다며 혀를 찼다. 군에서는 잘만 하던 6하 원칙을 사회에 와서는 전혀 실천하지 않는다는 것이었다. 또한 공부를 잘하고 스펙이 좋아서 뽑은 직원들이 정작 사회생활에서 기본이 되는 6하 원칙도 모른다며 기가 차다고 했다.

다음의 대화는 한 대기업 A상무가 보고를 하러 온 B팀장과 나눈 이야기다. 무엇이 문제인지 한번 생각해보라.

A상무: 자네, 오늘 저녁 거래처 담당자를 만난다고 들었는데.

팀장: 네.

A상무: 어느 회사인가?

B팀장: S전자입니다.

A상무: S전자의 누구를 만나나?

B팀장: C부장을 만납니다.

A상무: 몇 시에 어디서 보기로 했나?

B팀장: 7시에 S전자 강남 사무실 근처에서 보기로 했습니다.

A상무: 무엇 때문에 보기로 했나?

B팀장: 납품가에 관해 이야기를 나누자고 해서 보기로 했습니다.

A상무: 어떻게 대처할 생각인가?

B팀장: 일단 그쪽의 요구안을 먼저 파악한 뒤, 추후에 대응할 생각입니다.

어떤가? 당신은 무엇이 문제인지 알아차렸는가?

기업 조직 내에서 이러한 일은 정말 비일비재하게 일어난다. 이런 식으로 대화가 전개된다면 두 사람은 많은 시간과 에너지를 낭비할 수밖에 없다. 현대사회는 속도가 곧 생명이다. 여기서 B팀장은 A상무가 꼬치꼬치 캐묻기 전에 6하 원칙에 의거해 "오늘 저녁 7시에 S전자 강남 사무실 근처에서 S전자 C부장과 만나 납품가에 대해 이야기를 나누기로 했습니다"라고 미팅 건에 대해 보고를 했어야 마땅하다.

그러나 B팀장은 A상무가 하나하나씩 일일이 물을 때에야 비로소 그 질문에 대한 답변을 했다. 한꺼번에 정보를 전달하지 않은 것이다. 이 얼마나 갑갑한 일인가. A상무는 아마 질문을 할 때마다 속을 끓여야 했을 것이다.

한 일간지 기자가 베스트셀러를 낸 저명한 작가를 인터뷰했을 때의 일이다. 기자가 어떻게 하면 글을 잘 쓸 수 있는지 작가에게 비결을 물었다. 작가는 이렇게 답했다.

"간결하고 쉽게 쓰라!"

그러고 나서 작가는 한마디를 덧붙였다.

"글에 미사여구를 넣으면 글이 난삽해질 뿐만 아니라, 독자들의 이해를 방해할 수 있습니다. 미사여구란 담백한 글이 지녀야 할 미덕이 결코 아닙니다."

그것이 그 작가가 글을 잘 쓰는 비결이었다. 이 작가는 글로 독자와 소통하려면 간결하고 쉽게 써야 한다는 것을 이미 알고 있었던 것이다. 그 결과 간결하고 짧은 글로 독자의 요구와 눈높이에 맞추니 작품이 잘 팔리고, 유명해진 것이다.

소통을 할 때 우리는 신속성과 정확성을 목적으로 한다. 이 두 가지 중 어느 한 가지도 놓쳐서는 절대 안 된다. 느려터진 지시와 보고는 의사결정의 타이밍을 놓쳐 뒤통수를 치는 우를 범하게 만들고, 정확하지 못한 지시와 보고는 잘못된 의사 선택을 초래해 배를 산으로 가게 한다.

조직 내에서 지시와 보고를 할 때 가장 신속하고 정확하게 정보를 전달하는 방법은 6하 원칙을 따르는 것이다. 조직의 리더와 조직원들 간에 지시와 보고는 6하 원칙에 의거해 빠르고 정확하게 소통하는 습관을 항상 몸에 배도록 해야 한다.

4 창의력을 살리는
끝장토론을 즐긴다

선거철이 되면 TV에서는 후보자들을 초청해 토론회를 개최
한다. 민주주의 사회의 특성상 여러 정당이 이념적 스펙트럼
과 정강 정책을 가지는 것은 당연하다. 또한 각각의 후보자들
도 정책 토론에서 서로가 다르다는 것을 인정해야 한다. 그러
나 현실은 어떤가. "서로 다르다"가 아니라 "네가 틀렸다"고 주
장하며 소모적인 논쟁으로 끌고 가는 경우를 흔히 볼 수 있다.
한때 〈끝장토론〉이라는 TV 프로그램이 인기를 끈 적이 있
다. 백지연 아나운서가 진행하고 걸쭉한 입담을 자랑하는 토
론자들이 등장해 난상 토론을 하는 프로그램이었다. 하지만

나는 방송을 보는 내내 불편함을 금할 수 없었다. 상대의 말을 자르는 것은 기본이고, 삿대질을 하는 등 제대로 된 토론을 보기가 쉽지 않았다.

더욱이 토론자들은 감정에 치우쳐 극단적이고 자극적인 언어를 폭력처럼 휘둘렀다. 어디 그뿐인가. 방송에서 쓰면 안 되는 금기어를 사용하는 것도 예사였다. 행여나 아이들이 이것을 보고 토론에 대해 잘못된 생각을 가지는 것은 아닐까 우려감마저 들 지경이었다.

이러한 토론 문화는 선거나 TV 프로그램에서만 볼 수 있는 것이 아니다. 특히 브레인스토밍이나 조직의 위기 상황에 대

처하는 방법을 논하는 자리에서도 이러한 일은 빈번하게 일어난다. 그렇다고 해서 토론을 피해서는 안 될 일이다. 현명한 토론 방법을 찾아서 진행한다면 조직 내 의사소통은 물론 탁월한 의사결정의 매개체로 활용할 수 있다.

토론은 어떤 주제에 대해 서로 다른 주장을 하는 사람들이 논증이나 검증을 통해 자기주장을 정당화하고, 다른 사람을 설득하려는 말하기 및 듣기 활동이다. 여기서 우리는 듣기 활동에 방점을 찍을 필요가 있다.

토론은 그 방식이 규칙적이고 결정 방식도 일정하기 때문에 결과가 분명하다는 장점이 있으며, 여러 의견 중 더 낫거나 혹은 그렇지 못한 의견을 정당한 근거를 바탕으로 명확하게 구별하는 것을 목적으로 한다. 따라서 토론은 정해진 규칙에 따라 긍정과 부정으로 대립되는 두 팀이 주어진 논제에 대해 논거에 의한 주장과 이에 대한 검증, 의논을 되풀이함으로써 이성적인 판단을 내리는 과정이라 할 수 있다.

토론을 할 때는 절차적 요소와 형식적 요소가 중요하다. 토론은 두뇌와 세 치 혀를 활용한 치열한 싸움이기 때문에 공정성이 생명이고, 이를 위해서는 양쪽에 똑같은 기회가 부여되어야 한다. 이런 면에서 본다면 토론은 철저하고도 공정한 과정과 절차가 중시되는 언어 게임이라고 할 수 있다. 즉, 서로 대립되는 주장의 승패를 결정하기 위해 공정하고 엄격한 규칙에 따라 자신의 주장을 설득하려는 절차적 대화 방식이라고 할 수 있다.

토론의 3요소로는 인격, 정서, 논리가 있다. 토론은 단순히 날카로운 검이 부딪치는 것처럼 차가운 논리만으로 하는 싸움이 아니다. 아리스토텔레스는 "토론은 말하는 사람의 인격, 정서, 논리가 조화를 이루어 상대를 배려하고 존중하는 설득의 과정이다"라고 말했다.

우리는 장애물을 만나면 그것을 뛰어넘으려 하기보다는 피하려는 경향을 보인다. 사람들은 대개 소통이 잘 안 되는 경우 상대를 이해하고 다가가 소통하려 하기보다는 애써 외면하는 길을 택한다. 더 나아가 무관심으로 일관하기도 한다. 이는 억압적 기업문화와 집단에서 자신의 생각이나 의견이 깔아뭉개질 수 있다는 두려움 때문에 생겨난다.

세계에서 창의성이 가장 뛰어난 나라로 이스라엘을 꼽는다. 이스라엘을 창의적인 나라로 만든 배경에는 후츠파 정신이 있었다는 것을 아는가. 다음은 이스라엘 정부 주도의 투자 전문 회사인 요즈마펀드의 관리 회사인 이원재 요즈마그룹

한국 지사장이 말한 후츠파 정신에 관한 이야기다.

어릴 적부터 내가 다니던 이스라엘 학교 교실은 굉장히 시끄러운 토론장이었다. 선생님과 어린 친구들은 항상 말다툼하듯 열띤 토론을 했다. 난 항상 선생님께 그런 '버릇없는 짓'을 하는 친구들을 보면서 마음이 조마조마했다. 아이들은 자신의 말이 틀릴 수 있다는 것을 알면서도 전혀 아랑곳하지 않았다. 자기 의견과 질문을 쉴 새 없이 던지며 선생님으로부터 끝내 해답을 얻어낸 다음에야 잠잠해졌다. 선생님도 답을 바로 주지 않고 "왜 그렇게 생각하니"라며 논쟁을 부추겼다. 아이들 대답이 틀렸다 해도 선생님은 절대 아이를 꾸중하지 않았다. 실패는 절대 부끄러운 것이 아니라는 듯……. 아이들이 올바른 결론에 도달하도록, 몇 번이고 다시 노력하도록 도왔다.

어릴 적부터 배워온 후츠파 정신은 이스라엘 사회 곳곳에 살아 숨 쉬고 있다.

유대인의 오랜 율법과 지혜를 다룬 책 탈무드는 기본적으로 "랍비의 가르침에 100% 동의하지 말고 항상 반대편에 서서 논쟁하라"라고 가르친다. 이스라엘은 아무리 직급이 낮은 직원이라도 상사에게 자연스럽게 반대 의견을 내놓거나 자신의 아이디어를 서슴없이 이야기할 수 있는 개방적 '후츠파' 사회이다. 또한 상사는 그 의견을 열린 마음으로 받아들인다. 이스라엘은 한국과 마찬가지로 의무 복무제이며, 남녀 모두 군대를 가야 하고 계급을 중시한다. 하지만 토론할 때는 완전히 수평적인 관계가 된다.

오래전 요즈마그룹이 초기 단계 때 투자했고 현재 고성장하고 있는 이스라엘 인터넷 기업 콘딧CONDUIT을 방문한 적이 있다. 사장·임원이 모두 참석한 회의에 동참했는데, 그 회사의 말단 사원이 모든 사람 앞에서 사장의 의견에 거듭 반대하며 자기 생각을 내세우는 장면을 보며 깜짝 놀랐다. 그 새내기 사원의 앞날이 정말 걱정됐다. 놀라운 것은 그 사장의 대응이었다. 그는 말단 사원의 의견을 경청하며 다른 직원들에게도 의견을 묻곤 했다.

미팅이 끝난 후 사장에게 "기분이 나쁘지 않았느냐"고 물었다. 그 사장은 "회사 직원들은 내 가족이다. 아들이 아버지에게 자신의 의견을 서슴지 않고 이야기하는 것처럼 직원들 역시 아이디어와 의견이 있으면 직급을 떠나서 언제든지 이야기할 수 있다"라고 말하는 것이 아닌가. 그는 "성공하는 기업은 항상 아이디어가 가득해야 한다. 임직원들과의 수평적인 소통이 매우 중요하다"라고 강조했다. 780만 명 인구에서 노벨상 수상자 10명을 배출한 저력은 바로 이런 문화에서 비롯된 것이 아닌가 싶다.

출처 : 〈조선일보〉

최근에 기업들이 '샌드위치론'에 빠진 상황에서 창의성을 부르짖고 있다. 하지만 창의력은 그냥 만들어지는 것이 아니다. 이를 위해서는 이스라엘의 후츠파 정신처럼 생각의 틀과 규제를 풀어야 한다. 끝장토론은 그런 의미에서 아주 효용성이 높은 장치이다. 조직의 구성원이 자신의 생각에 제한을 두지 않고 허심탄회하게 토론의 장에서 자신의 의견을 털어놓고, 그 속에서 새로운 생각이 싹틀 때 창의력은 비로소 구성원의 기를 살리고, 조직과 회사를 살리는 마중물이 된다.

5 메모를
전략적 도구로 활용한다

모든 것을 머릿속에 기억하기란 사실 불가능하다. '총명불
여둔필聰明不如鈍筆'이란 말이 있다. 아무리 총명한 사람이라
도 서투른 솜씨로나마 기록하는 사람만 못하다는 뜻이다. 이
는 우리 뇌에 '망각'이라는 시스템이 작동하고 있어서 시간이
지나면 무엇이든 점차 사라지거나 잊히기 때문이다.

그래서일까. 역사적으로 유명한 정치가나 음악가, 리더는
모두 '메모광'이었다. 그 대표적인 인물이 바로 링컨이다. 링
컨은 항상 모자 속에 종이와 연필을 넣고 다니면서 좋은 생
각이 떠오르거나 유익한 말을 듣는 즉시 기록하는 습관이

있었다. 그래서 사람들은 그의 모자를 이동하는 사무실이라고 불렀다고 한다. 그 덕분에 정규 학교를 다녀본 적도 없었던 그가 세계 역사상 가장 훌륭한 정치가가 될 수 있었다.

'가곡의 왕'으로 불리는 슈베르트 역시 마찬가지였다. 슈베르트는 어떤 때는 식당의 식단표에, 어떤 때는 입고 있는 자기 옷에 그때그때 떠오른 악상을 기록하는 습관을 가졌다고 한다. 그 덕분에 그는 일생 동안 불후의 명곡을 많이 작곡할 수 있었다.

기록은 발명에도 아주 중요한 기여를 했다. '깎지 않는 연필'을 발명한 대만의 홍려는 가난한 대장장이인 아버지를 도우며 자랐는데 발명에도 관심이 있어 항상 아이디어가 떠오를 때마다 종이에 기록을 하거나 그림으로 그려두었다고 한다. 그러다 보니 가장 번거로운 일 중 하나가 연필을 깎는 것이었다고 한다. 그러던 어느 날 '이거 참으로 불편하군. 연필을 깎지 않고 계속 쓸 수 있는 방법은 없을까?'라는 생각이 문득 떠올랐고, 그에 대해 연구하기 시작했다. 그 결과 발명한 것이 바로 '샤프펜슬'이었다.

메모는 기업의 성공에도 큰 영향을 미친다. 그 대표적인 기업이 바로 세계적인 기업 P&G프록터앤드갬블이다. P&G의 역사는 가히 쓰기의 역사라고 해도 과언이 아니다. P&G에는 메모가 일상화된 업무처리 방식이자 의사소통 방식으로 이미 확고하게 자리를 잡고 있다.

다음은 P&G의 메모 문화를 다룬 〈연합뉴스〉의 기사이다.

메모를 제대로 하지 못하는 사람은 절대 승진할 수 없다

미국의 P&G가 세계적인 생활용품 제조업체로 자리매김하는 데는 메모 문화라는 독특한 기업문화가 큰 힘이 되고 있다.

P&G의 메모는 관리자가 필요로 하는 정보를 간단하고 명확하게 전달하는 수단으로 그때그때 생각나는 것을 기록해두는 일반 메모와는 그 성격에서부터 판이하게 다르다. 메모가 어떤 아이디어에 대한 체계적인 분석 자료로써의 역할을 하고 있는 것이다.

이에 따라 수십 차례에 걸친 수정 작업은 흠이 되지 않는 것으로 인식되고 있으며 실제로 초임 관리자의 경우 한 가지 메모를 수십 번 다시 작성하는 경우도 흔히 있는 일이라고 한다.

P&G는 메모를 어떻게 생각하고 있을까? 그들은 메모를 다음과 같은 도구로 여긴다.

1. 메모는 가장 빠른 커뮤니케이션이다.

2. 메모는 책임과 신뢰를 키운다.

3. 메모는 내부의 효율성을 극대화한다.

4. 메모는 최고의 제안 방식을 제공한다.

5. 메모는 최고의 전략적 의사결정 도구다.

그렇다면 우리는 조직 내에서 메모를 어떻게 쓰고, 어떻게 활용해야 할까?

1. 집중적으로 사고하라

쓰는 행위가 중요한 것이 아니다. 간단한 메모든 의사결정이 필요한 메모든 집중적으로 생각하고 몰두하면서 쓰는 것이 중요하다.

2. 듣고, 쓰고, 살펴라

귀를 쫑긋 세우고 듣는 것은 아무리 강조해도 지나치지 않다. 잘 들으면 잘 쓸 수 있다. 그리고 복기하듯이 머릿속에 그리면서 살펴보아야 한다.

3. 1페이지로 정리하라

복잡한 것을 단순화하라. 메모는 모든 것을 받아쓰는 것이 아니라, 간단하고 명료하게 요약하는 것이 핵심이다. 공부를 잘하는 학생이 요점 정리를 잘하듯이 유능한 사람은 핵심을 요약하는 재주가 있다. 그래서 P&G에서는 메모를 승진과 연계시키고 있다.

4. 핵심적 인과관계를 설정하라

작은 메모지 한 장만으로 모든 상황을 판단하기 위해서는 인과관계를 한눈에 볼 수 있어야 한다. 예를 들어 부재중에 연락을 요청하는 간단한 메모일지라도 전화를 건 상대방의 이름, 걸려온 시간, 용무 등을 나타내야 한다.

5. 실전용으로 작성하라

이는 의사결정을 요하는 경우에 활용하는 적극적 메모의 형태로 대응책을 구축하거나 효율성을 담보하거나 장기적 관점을 개략적으로 나타내는 것을 말한다.

메모는 이렇게 많은 장점이 있는데도 조직 내에서 일상적으로 활용되지 않고 있다. 글보다 말로 소통하는 것이 더 빠르고 익숙하기 때문이다. 그러나 말과 글은 큰 차이를 가지고 있다. 책임에 관한 부분에서 글은 특히 명확한 증거가 된다. 또한 부재중이거나 상대가 껄끄러운 경우에도 메모는 의사전달을 할 수 있다는 장점이 있다. 종이 대신 문자나 카카오톡 등 문명의 이기를 활용해 디지털 메모를 활성화하는 것도 좋은 방법이 될 수 있다.

6 피드백을 통해
코칭으로 리드한다

상사나 관리자들이 직장 내에서 소통하는 방식을 머릿속에 떠올려보라. 어떻게 진행되는가? 대개 지시와 보고 중심으로 이루어질 것이다. 앞에서도 말했지만, 지시와 보고는 공식적인 소통 과정으로 상하 간에 수직적인 의사소통 과정을 거친다.

최근 조직 내 이러한 소통 방식에 큰 변화를 가져온 도구가 있다. 바로 코칭이다. 코칭은 공식적·비공식적 의사소통 과정에 모두 활용이 가능하다. 특히 코칭은 수평적 관계를 통해 파트너로서 잠재 능력의 성장을 도모한다는 점에서 기업문화를 근본적으로 바꾸고, 소통의 활성화에 아주 강력하게 작용한다.

당신도 알고 있다시피 스포츠 분야에서는 코치라는 말이 일상적으로 사용된다. 어떤 코치를 만나느냐에 따라 성적은 천지 차이다. 부치 하먼이라는 코치가 없었다면 타이거 우즈가 백인의 전유물로 여겨져온 골프 종목에서 괄목할 만한 기록을 세울 수 있었을까? 그리고 브라이언 오서라는 코치가 없었다면 지금의 김연아가 존재할 수 있었을까? 아마 불가능했을 것이다.

코치라는 말은 본래 네 마리 말이 끄는 마차에서 기원했다. 마차에는 수레와 말도 중요하지만, 그 마차를 안전하고 정확하게 이끄는 마부의 역할도 중요하다. 바로 여기서 마부가 바로 코치의 역할을 한다.

그렇다면 코칭은 어떤 철학을 가지고 있을까?

1. 모든 사람은 무한한 가능성이 있다

모든 사람은 각기 나름의 잠재 능력을 지니고 있다. 코치는 이러한 잠재 능력을 인정하고, 긍정한다. 만약 코치가 잠재 능력의 무한한 성장을 부정한다면 코칭을 받는 사람은 한계에 부딪힐 수밖에 없다. 코치란, 한계에 맞닥뜨린 사람에게 그 한계를 넘어서도록 하는 존재다.

2. 그 사람에게 필요한 모든 답은 그 사람에게 있다

"대부분의 사람이 자신이 잘하는 것이 무엇인지 알고 있다고 생각한다. 그러나 그들 대부분은 잘못 생각하고 있다. 사람들은 자신이 잘하지 못하는 것을 더 잘 알고 있다. 심지어는 그 점에 있어서도 제대로 아는 경우보다는 잘못 아는 경우가 더 많다"라고 피터 드러커는 말했다.

모든 결과에는 원인이 있게 마련이다. 즉, 콩 심은 데 콩 나고 팥 심은 데 팥이 난다. 이와 마찬가지로 그 사람이 맞닥뜨린 한계의 원인은 그 사람에게 있다. 그 원인을 찾아내서 해결한다면 자연스레 답을 얻을 수 있다. 따라서 코치는 코칭을 받는 사람의 내부에 답이 있다는 확신을 가지고 그 답을 찾도록 돕는 조력자다.

3. 그 해답을 찾기 위해서는 파트너가 필요하다

바둑이나 장기에 '훈수'라는 말이 있다. 사람들은 장기판이나 바둑판에 앉으면 돌 하나에 집중하는 경향을 보인다. 즉,

판 전체를 보는 것이 아니라 부분적인 것에만 집중하는 것이다. 비즈니스나 일상에서도 마찬가지다. 그럴 때 전체를 보고 해답을 찾도록 돕는 역할을 하는 훈수꾼, 즉 파트너가 바로 코치인 것이다.

그렇다면 코치는 어떤 자세를 가지고 있을까? 코치의 자세는 다음과 같다.

1. 사람들은 공통점을 가지고 있다.
2. 사람들은 호기심이 많다.
3. 사람들은 기여한다.
4. 사람들은 연결을 통해 성장한다.
5. 사람들은 가치를 추구한다.
6. 사람들은 자기 이익을 좇아 행동한다.
7. 사람들은 자신의 인식에 기초하여 살아간다.
8. 사람들은 선택할 수 있다.
9. 사람들은 각각 자신의 성실성의 수준을 규정한다.

그런데 구성원을 코칭하는 데 있어 아주 중요한 것이 있다. 바로 피드백이다. 비즈니스 분야에서 피드백은 '특정 사안에 대해 개선할 의견을 주는 것'을 의미한다. 즉, 코칭을 통해 스스로 문제점을 찾고 대안을 찾아 행동했다면 그에 따른 평가가 뒤따라야 하는데 그것이 바로 피드백인 것이다.

그렇다면 피드백은 어떻게 해야 할까?

첫째, 행동에 집중해야 한다. 상대방의 성격이나 태도 등을 거론하면 자존심을 상하게 할 수 있으니 객관적 지표인 행동에 대해서만 언급해야 한다.

둘째, 가능한 한 신속하게 해야 한다. 하지만 상대방이 기분이 좋지 않거나 스트레스를 많이 받고 있는 상황에서는 한 템포 쉬었다가 할 필요도 있다.

셋째, 객관적이고, 침착하게 해야 한다. 사람이다 보니 때로는 감정이 앞서서 피드백을 하는 경우도 있다. 하지만 이것은 절대 금물이다. 감정이 앞서다 보면 물불 가리지 않고 악담을 퍼붓거나 위험선을 과도하게 넘어갈 수도 있기 때문이다. 되도록 많은 것보다는 한 가지에 집중해 거론하고, 상대의 말을 경청할 필요가 있다.

코칭은 상하 간·직급 간 위계질서가 아니라 수평적인 관계에서 대등한 입장으로 진행된다.

미래를 지배하는 힘은
읽고, 생각하며, 커뮤니케이션 하는 능력에 있다.
-앨빈 토플러-

5장

요절복통을 부르는
고객과 소통하는 법

1. 고객에게 "No"하면 고객이 노怒한다 | 2. 진심, 고객을 사로잡는 강력한 올 가미 | 3. 감성을 자극하는 '지글지글'을 그리게 한다 | 4. 고객의 니즈를 파악해 가치를 제공한다 | 5. 1:1로 맞춤형 소통을 실행한다 | 6. 가족 같은 유대감으로 고객과 공감한다

요절복통을 부르는 **고객과 소통하는 법**

1 고객에게 "No"하면 고객이 노怒한다

앞서 서비스에 대해 언급하면서 고객의 범위를 나를 둘러 싼 모든 사람이라고 했다. 이 장에서는 외부 고객, 즉 우리가 협의의 개념으로 말하는 일반적인 고객과의 소통 방법에 대 해 말하고자 한다. 그렇다고 해서 이것이 외부 고객에게만 해 당되는 것은 아니다. 넓은 의미의 모든 고객에게도 충분히 통 하는 강력한 무기가 될 수 있다.

요즘에는 고객이 이전에 비해 비해 훨씬 까다로워지고, 현 명해졌다. 고객이 첨단 기기를 통해 가격이나 상품 정보를 훤 히 꿰뚫고 있는 것은 이미 보편화된 현상이 되었다. 그뿐만이 아니다. 상품 개발에 적극적으로 참여하고, 블로그나 SNS를 통해 상품과 서비스에 대한 평가를 공유하는 단계에까지 이르면서 고객이 권력까지 손에 쥐게 되었다. 또한 블랙 컨슈머로 불리는 진상 고객까지 등장해 상품과 서비스를 판매하는 입장에서는 그야말로 골치를 앓고 있다.

그렇다고 해서 고객을 외면해서는 절대 안 된다. 그 고객이 어떤 고객이든 소통을 하고 열렬한 지지자로 만들어야 한다. 그러기 위해서는 어떤 방법이 있을까? 고객과 열렬히 소통하기 위해 기본이 되는 것은 무엇일까?

"No"라는 말을 하지 않는 것이 그 첫걸음이다. 사람은 "No"라는 말을 접하면 가슴속에 화를 품게 마련이다. 따라서 어떤 상황에서, 어떤 고객을 만나든 "No"라고 말해서는 안 된다. 고객은 그것을 인정하고 받아들이는 것이 아니라 핑계라고 느낄 뿐이다.

극단적인 예로 고객이 클레임을 걸었을 때를 생각해보라. 이런 경우 대개는 회사의 규정 등을 언급하며 대응하는 경우가 많을 것이다. 그런데 이때 고객은 어떤 생각을 할까? 회사의 규정을 순순히 인정하고 받아들일까? 그렇지 않을 것이다. 대부분의 고객이 회사의 규정을 자신과는 상관없는 것으로 간주하고 당신이 핑계를 대고 있다고 생각할 것이다.

이런 경우에 당신은 어떻게 대응해야 할까? 일단은 "Yes"라고 말해야 한다. 그러고 나서 상황에 적절히 대응하는 방법으로 세계적인 서비스 컨설턴트인 마이클 헤펠이 『5 Star Service』에서 언급한 다음의 세 가지 마법의 말을 사용해볼 것을 권한다.

- 느끼다Feel
- 느꼈다Felt

• 깨달았다Found

먼저 '느끼다'라는 말을 생각해보자. 고객에게 이해와 공감을 표현하는 말로 이만한 것이 있겠는가. 이렇게 말하는 사람에게 화를 낼 고객은 세상에 아무도 없다. 이 말은 화가 난 고객이 이성적으로 판단하게 하고 고객의 화를 누그러뜨리게 하는 탁월한 도구다. '느끼다'라는 말을 넣어서 활용할 수 있는 문장으로는 "그렇게 느끼신다니 죄송합니다" 또는 "어떻게 느끼실지 이해합니다" 등이 있다.

이번에는 '느꼈다'라는 말을 생각해보자. 이 말에는 두 가지 강력한 힘이 있다. '느꼈다'라는 말을 통해 당신은 이런 상황을 과거의 다른 사례들과 비교하고 있다는 사실을 전하고, 전에도 이런 상황을 경험한 적이 있다는 사실을 고객에게 보여줄 수 있다.

마지막으로 '깨닫다'라는 말을 살펴보자. '깨닫다'라는 말은 굉장히 전문가적인 느낌을 전달한다. 사람들이 무엇인가를 "깨달았다"고 말하는 경우는 언제일까? 대개 많은 일을 하거나 오랜 연구를 한 후에 그 결과 특정 사실이나 해결책 또는 정답을 얻었음을 의미한다. 당신은 '깨닫다'라는 말을 통해 고객에게 자신이 깨달은 바를 알려주면서 당신이 가진 전문적인 지식을 보여줄 수 있고, 동시에 고객의 감정에 공감하고 있다는 것을 표현할 수 있다.

이처럼 '느끼다', '느꼈다', '깨달았다'라는 말을 사용하면 당신은 고객과의 사이에 놓인 장벽을 허물고, 고객과 공감대를 형성할 수 있다. 이렇게 공감대를 형성하는 것은 매우 중요하다. 상품이나 서비스를 판매하는 데 한 걸음 더 나아갈 수 있을 뿐만 아니라 고객의 마음속에 있는 추의 기울기를 당신 쪽으로 끌어올 수 있기 때문이다.

이것은 고객의 클레임에만 사용할 수 있는 것이 아니다. 일상적인 판매 과정에서도 활용이 가능하다. 이 세 단어는 당신이 고객의 입장을 충분히 이해하고 있으며, 그들에게 적극적으로 다가가고 있다는 증거로 작용한다. 그러면 고객은 단단히 걸어놓았던 마음의 빗장을 자연스레 풀게 된다.

2 진심, 고객을 사로잡는 강력한 올가미

사람에게는 '촉觸'이라는 게 있다. 촉이란 인간이 생존하기 위해, 위험을 피하기 위해 원시적으로 발달한 직관적 감각이다. 당신은 물건을 사거나 대화를 할 때 상대방의 말이나 행동에 '속이고 있다'라는 느낌을 은연중에 받은 적이 있을 것이다. 그리고 그것이 실제 현실로 나타난 경험을 해본 적이 있을 것이다. 그때 작용한 것이 바로 촉이다.

고객에게도 촉이 있다. 당신은 세일즈맨이나 서비스맨이 어떤 생각을 하는지 고객이 모를 것이라고 생각하는가? 그렇게 생각한다면 엄청난 착각이다. 고객이 세일즈맨이나 서비스맨의 마음을 읽는 대표적인 것으로는 앞서 언급했던 비언어적 요소가 있다.

그렇다면 고객에게 잘못 비칠 수 있는 비언어적 요소에는 어떤 것이 있을까? 대략 다음과 같은 것들이 있다.

- 눈을 내리깐다: 무관심하다.
- 눈을 찌푸린다: 짜증이 난다.
- 눈꼬리가 움직인다: 거짓말을 하고 있다.
- 팔짱을 낀다: 방어적이다.
- 뒷짐을 진다: 우위에 서려 한다.
- 주변을 살핀다: 화제 전환이나 핑곗거리를 찾는다.
- 입을 꾹 다물고 있다: 화가 나 있다.

이외에도 무수히 많은 비언어적 요소를 통해 고객은 끊임없이 촉을 세우고 판단을 한다. 고객을 대할 때 진심으로 대해야 하는 이유가 바로 여기에 있다. 진심이 아니면 부지불식간에 비언어적 요소나 행동 혹은 말로 드러나게 마련이다. 그러면 어떻게 될까? 그 고객과는 영영 이별이다.

우리의 모든 것은 마음에서 시작해 마음으로 끝난다고 해도 과언이 아니다. 그래서 교육에서 항상 제일 먼저, 그리고 가장 많이 하는 것이 바로 마인드 교육이다. 마인드 교육은 집을 지을 때의 기초공사와 같다. 땅을 잘못 다져놓으면 아무리 좋은 설계를 하거나 좋은 자재를 동원해도 한순간에 무너질 수밖에 없다. 이처럼 고객을 대하는 마음, 즉 진심이 동반되지 않은 고객 응대는 사상누각에 불과하다.

당신은 사람의 마음이 믿을 수 없고 변하기 쉽다고 생각할지도 모른다. 고객의 마음이 오늘과 내일이 다르고, 시시각각

으로 변한다면서 말이다. 하지만 정말 그럴까? 그러나 한편으로는 사람의 마음처럼 굳건하고 신뢰할 수 있는 것도 없다.

그래서일까? 인류 역사상 뛰어나고 위대한 인물을 살펴보면 다른 사람들에 대한 배려심이 깊고 이타적인 마음을 소유한 사람인 경우가 많다. 하지만 반대로 조직을 붕괴시키고 많은 사람을 불행하게 만든 수많은 예에서는 황폐한 마음의 소유자들, 즉 진심으로 사람을 대하지 않는 이들이 등장하는 것을 흔히 볼 수 있다.

너무 많이 들어서 진부하게 느껴질지도 모르지만, 나는 비즈니스에서 이익을 증대시키는 최고의 방법은 고객에게 기쁨을 주는 일밖에는 없다고 생각한다. 고객에게 기쁨을 주는 방법에는 여러 가지가 있다. 유머를 구사하거나 이벤트를 진행하거나 좋은 상품을 싸게 제공하는 등의 다양한 방법과 기술이 있다. 그런데 이런 방법은 고객에게 잠깐은 먹힐지 모르지만 시간이 지나면 당연한 것, 식상한 것으로 인식되어 금세 잊히게 마련이다.

반면에 진심을 다하는 것은 언제, 어디서나 항상 고객에게 기쁨을 준다. 진심이야말로 고객의 가슴속에 깊은 신뢰를 심고, 열광하는 팬을 만드는 강력한 기본기인 것이다. 하지만 많은 사람이 진심이라는 기본기를 외면한 채 자신 혹은 자기가 몸담고 있는 조직의 편의나 이익에만 몰두한다.

당신은 운동을 하거나 공부를 할 때 기본기가 어떤 힘을 가지는지 알고 있다. 기본기가 잘 닦이면 성장과 발전도 빠를 뿐만 아니라 실력이 떨어져도 금세 회복이 가능하다. 진심을 다하면 고객과의 관계를 빠르고 탄탄하게 쌓을 수 있다.

예를 들어 당신이 납기를 맞추기 위해 최선을 다한다고 가정해보자. 당신이 그렇게 노력하는 것은 고객에게 제품이나 상품을 제때에 제공하기 위함이다. 그러면 고객은 당신과 당신의 회사에 믿음을 가지고, 계속 거래하려는 의지를 보일 것이다. 당신의 모든 행동이 '고객에게 기쁨을 준다'는 기본 원칙에 충실해야 하는 이유가 바로 여기에 있다.

당신은 현장에서 거짓이나 위선으로 무장한 말하기의 달인들을 보았을 것이다. 그들은 초반에는 유창한 말이나 허언으로 사람들의 관심을 끈다. 그런데 정작 그들의 말로는 어떠한가. 조금만 주의 깊게 들어도 그들의 이야기가 사탕발림이라는 것을 알 수 있기 때문에 고객들은 금세 돌아선다.

앞서 말했듯이 많은 사람이 달변가가 설득력이 있다고 착각을 한다. 그런 얄팍한 자세로 대하면 금방 고객의 촉에 잡히게 마련이다. 말투는 더듬거려도 진심을 전달하는 사람은 고객의 끊임없는 구애를 받는다. 유창하지는 않지만 진실한 마음과 정성만 담겨 있다면 최고의 달변가다. 고객이 자신의 진심을 알아주기를 원한다면 현란한 말재주에 몰두할 게 아니라 고객에게 전심전력을 다하고 성실하게 대해야 한다.

3 감성을 자극하는
'지글지글'을 그리게 한다

최근 모든 방송사마다 먹방이 대세다. 어디 TV뿐인가. 인터
넷 방송국 아프리카TV에서 먹방을 진행하는 몇몇 사람의
경우 연봉이 1억 원을 넘는다고 한다. 어쩌면 먹는 것이야
말로 인간이 지닌 가장 원초적 욕구이니만큼 그 인기는 당
연한 것이리라.

먹방의 흥행 덕분에 브라운관에서 스타로 떠오른 인물이
있다. '새마을식당', '한신포차' 등의 브랜드로 널리 알려진 더
본코리아의 백종원 대표가 그 주인공이다. 출연하는 프로그
램만 해도 5~6개에 이르는데다 CF 광고까지 수 편을 찍었다

니 새삼 그의 인기를 실감할 수 있다.

그가 출연하는 프로그램을 볼 때마다 음식에 대한 그의 해박한 지식에 놀라곤 한다. 프랜차이즈 사업가가 아니라 요리 전문가라는 생각이 들 정도다. 출연하는 방송마다 각기 다른 요리를 선보이거나 평가를 하는데도 전혀 주저하지 않고 음식에 대한 이야기나 평을 늘어놓는 것을 보면 그가 얼마나 음식을 연구하고 섭렵했는지 가히 짐작이 간다.

놀라운 것은 그뿐만이 아니다. 그가 음식을 먹는 모습도 탄성을 자아낸다. 그는 음식을 집어 들면 먼저 코로 가져가서 냄새를 맡는다. 그러고 나서 '후루룩', '짭짭' 하고 큰 소리를 내면서 먹는다. 수더분한 얼굴로 '후루룩', '짭짭' 하고 맛있게 먹는 모습을 볼 때마다 입안에는 저절로 군침이 돈다. 예전 같으면 밥상머리에서 어른들에게 혼이 나도 엄청나게 났을 그런 모습이다.

그는 왜 그렇게 소리를 내면서 먹을까? TV 방송 담당자와 이야기를 나누다가 그 이유를 비로소 알 수 있었다. 방송은 눈과 소리로 시청하는 매체라서 시각적 효과와 청각적 효과만으로 모든 것을 전달해야 하기 때문이다. 그래서 어느 정도 과장을 해야만 그 느낌을 전달할 수 있다고 한다. 특히 시청률에 목매는 방송인들의 입장에서 이러한 과장은 시청자들의 눈과 귀를 잡는 강력한 무기이다.

이것은 고객과 소통을 할 때 활용할 수 있는 좋은 팁을 제공한다. 당신은 고객이 이성적이라고 생각하는가? 물론 그럴 때도 있다. 제품을 구매할 때 제품의 품질이나 가격 등을 따지는 것을 보면 고객은 분명히 이성적이다.

그렇다면 고객이 이성으로만 제품을 구매할까? 아니다. 요즘 같은 시대에 품질과 가격은 더 이상 경쟁력의 원천이 아니다. 우리는 어제 발매된 제품보다 오늘 발매된 제품이 품질이 좋은 것은 물론 가격이 싼 시대를 살고 있다. 더욱이 경쟁사와 경쟁 제품이 급격히 늘어난 치열한 경쟁 상황에 놓여 있다.

지금에 비해 생산자가 적고 구매자가 많았던 시대에는 생산자가 상품을 만들기만 하면 되었다. 파는 것에 대해서는 별로 걱정할 필요가 없었다. 하지만 산업혁명을 지나 자동화로 인한 대량 생산 시대로 접어들면서 판도가 완전히 뒤집어졌다. 제품 생산량이 급속히 늘면서 구매자는 제품 선택의 기회, 즉 이니셔티브를 가지게 되었다. 경제의 권력이 생산자에서 소비자에게로 넘어간 것이다.

그 결과로 등장한 것이 바로 감성 마케팅이다. 품질과 가격의 차별화가 거의 무의미해진 상황에서 생산자는 이제 제품을 파는 것에서 욕구를 파는 것으로 변화를 꾀할 수밖에 없게 되었다. 뇌 과학의 발달과 함께 등장한 뉴로 마케팅neuro marketing으로 소비자의 잠재의식에 관심을 가지게 된 것도 물론 그 이유 중 하나다. 뉴로 마케팅은 소비자가 그 제품을 왜 구매하는지 욕구를 파악하고, 그 욕구를 자극하는 데 관심을 가지도록 물꼬를 터놓았다.

감성 마케팅의 대표적인 말을 꼽으라면 "스테이크가 아닌 지글지글을 팔아라!Don't sell the steak, sell the sizzle!"를 들 수 있다. 이는 100여 년 전 세일즈 언어를 연구하던 에머 휠러가 주창한 말로 스테이크의 특징을 나열하기보다는 소고기가 프라이팬에서 지글지글 익어가는 모습을 떠올리게 하는 것이 스테이크를 파는 데 훨씬 더 효과적이라는 의미에서 나온 말이다.

예를 들어 "이 소고기는 그 유명한 강원도 횡성의 ○○목장에서 키운 소에서 얻은 1등급 한우로 육질이 정말 좋습니다"라는 말보다 "이 소고기를 불판에 올려놓아보세요. 2분가량 익히면 소고기가 지글지글 익으며 구수한 내음과 함께 육즙이 사르르 흘러나올 것입니다. 그때 한 입 넣어보세요. 입 안에서 쫀득한 식감과 함께 육즙이 터지는 황홀한 맛을 경험할 것입니다"와 같은 말이 고객에게는 훨씬 강력하게 작용한다는 것이다.

그렇다면 이 말이 강력한 이유는 무엇 때문일까? 무엇보다도 상대방이 머릿속에 그림을 그릴 수 있기 때문이다. 머릿속에 그림을 그릴 수 있다는 것은 머릿속에 빨리 기억될 뿐만 아니라, 오랫동안 기억될 수 있음을 의미한다. 요즘처럼 모든 것이 빠르게 변하고 금세 잊히고 마는 시대에 빨리 기억되고 오래 머무를 수 있다는 것은 엄청난 경쟁력이다.

사랑을 하다가 헤어져본 경험이 사람은 아픈 기억 때문에 두고두고 힘들었던 기억이 있을 것이다. 이처럼 기억은 잊으려 해도 불현듯 마음속에서 살아나 온몸을 지배한다. 고객에게 좋은 기억을 심어주어야 하는 이유가 바로 여기에 있다. 사랑하고 난 후 안 좋게 헤어진 것 같은 기억은 곤란하다.

빵집 앞의 구수한 빵 냄새, 커피숍 입구에서 스멀스멀 번지는 구수한 원두 냄새 등은 고객의 감성을 자극하고 기억을 지배하기 위한 것이다. 고객과 소통할 때 이와 같이 감성을 자극하는 '지글지글'을 개발하고 실천한다면 고객은 항상 당신을 찾고 추천하는 열렬한 팬이 될 것이다.

4 고객의 니즈를 파악해
가치를 제공한다

"큰 것이 이기는 것이 아니라 강한 것이 이긴다"는 말이 있다. 현대사회는 이제 규모의 싸움이 아니라 속도의 싸움이 되었다. 지금처럼 시장의 모든 것이 급변하는 상황에서는 큰 것이 이기는 것이 아니라 빠른 것이 이길 수밖에 없다. 과거에 시장의 지배자였던 노키아, 모토롤라, 야후, 소니 등을 보라. 이들은 규모로 시장을 지배할 수 있다는 아집과 집착이 얼마나 허망한 것인지 제대로 보여준 사례이다.

한때 빌 게이츠를 누르고 세계 최고의 갑부로 등극해 화제에 올랐던 인물이 있다. 인디텍스 그룹의 창업자인 아만시오

오르테가가 바로 그 주인공이다. 그는 스페인의 대표적 패션 브랜드인 자라ZARA를 키워낸 장본인으로 순자산이 현재 무려 700억 달러에 이른다.

자라는 전 세계 88개국에 2,000여 개의 매장을 운영하며 2014년 197억 달러의 매출을 올린 대표적인 SPA 브랜드다. SPA란 기획·제작·유통 등 모든 과정을 한 회사에서 운영하는 형태로, 최신 유행을 반영해 즉각적으로 옷을 제작해 저렴한 가격으로 판매하는 시스템을 말한다. 일명 패스트패션으로도 불리는데, SPA의 경쟁력은 뭐니 뭐니 해도 신속함이 생

ZARA 매장

명이다. 자라는 옷 한 벌이 디자인 등을 거쳐 고객의 손에 도달하기까지 2주밖에 걸리지 않는다. 다른 경쟁업체들이 이 과정에 6~9개월 걸리는 것을 감안한다면 정말 짧은 시간 내에 빠르게 생산해내는 것이다.

어떻게 이것이 가능할까? 자라 매장은 일주일에 두 번씩 신상품을 입고하는데, 일주일간 판매 추이를 지켜본 후 반응이 좋지 않으면 바로 빼고 새로운 제품으로 교체한다. 아무리 많이 팔리는 옷이나 액세서리도 매장에 4주 이상 진열하지 않는다. 이를 위해 신상품 아이디어가 매장에서 실시간 보고되고, 매장을 찾은 고객에게 얻은 정보를 정보 시스템에 입력해 제품 개발에 적극 활용한다. 그 결과 자라의 고객들은 다른 의류 브랜드에 비해 약 다섯 배가량 방문율이 높다고 한다.

당신은 '어떻게 저런 일이 가능할까?' 하고 의구심을 가질 것이다. 고객에게 정보를 얻어서 회사에 빨리 전달하는 것은 가능하겠지만, 사내에서 소통하고 의사결정을 하기에는 그 시간이 무리라고 생각하는 사람이 많을 것이다.

우리는 일반적으로 소통을 하는 데 일정한 시간과 인원이 필요하다고 생각한다. 사내에서 구성원 간에 소통을 하려면 절차가 필요하고, 그 절차를 따르려면 어느 정도 시간이 필요하다고 생각하는 것이다. 그러다 보니 '시간이 곧 돈이고 경쟁력'이라는 생각을 은연중에 뒤로 밀어놓는다.

사회심리학자 리처크 해크먼 박사에 따르면 사람들 간에 발생하는 커뮤니케이션 건수는 n(n-1)/2라고 한다. 여기서 n은 참여한 인원수를 말한다. 예를 들면 2명 사이에서는 1건, 3명은 3건, 4명부터는 6건, 5명은 10건, 6명은 15건이 된다. 그런데 50명이 되자 그 수는 1,225건으로 급증한다. 이쯤 되면 어떤 일이 벌어질까? 다같이 모여서 의견을 내놓거나 토론하는 식의 정상적인 커뮤니케이션이 어려워진다. 또한 그룹이 커질수록 그룹의 구성원 모두가 하나의 목표를 가지고 함께 나아가는 것을 어렵게 느낀다. 이런 상황에서 커뮤니케이션의 효과가 직접적으로 나타날 수 있겠는가?

이러한 문제를 해결하기 위해 발 벗고 나선 기업이 있다. 바로 세계적인 인터넷 서점 아마존이다. 아마존은 한때 직원들의 사내 커뮤니케이션 문제로 심한 내홍과 위기를 경험했다. 그러자 임원들은 직원 간 소통을 더 늘리자고 제안했다. 그리고 어떻게 하면 직원 간 소통을 더 늘릴 수 있을지 고민하기 시작했다.

이때 최고 경영자인 제프 베조스가 아주 이상한 방식을 제안했다. 일명 '피자 두 판의 법칙'을 내놓은 것이다. 간단히 말하면 이것은 팀원 수나 회의에 참가하는 사람의 수가 피자 두 판으로 식사를 마칠 수 있는 규모 이상이 되어서는 안 된다는 것이었다. 피자 두 판이면 16조각이 나온다. 따라서 1인당 2~3조각씩 먹는다고 가정할 때 아무리 많아도 여덟 명을 넘어서면 안 된다.

제프 베조스는 아마존이라는 거대한 조직을 작은 팀 단위로 나눠 소규모 커뮤니케이션을 활발하게 하고 의사결정 속도를 높여 인간이 지닌 창조성을 끌어내려고 한 것이다. 사람의 수가 적을수록 동기부여가 잘되고 일의 능률도 높아지며 임무와 책임 소재를 분명히 해 더 빨리 일처리를 할 수 있기 때문이다.

아마존은 이를 기반으로 콜센터에서 얻은 정보를 통해 새로운 시스템을 개발했다. 우리나라를 비롯한 전 세계의 수많은 기업이 콜센터를 핵심부서로 여기지 않는다. 단지 고객 상담과 AS를 하는 지원부서로 취급한다. 하지만 아마존은 콜센터를 고객을 직접 대면하는 부서이자 중요한 아마존 시스템의 개발자로 인식한다. 즉, 콜센터에서 수집한 고객의 불만이나 불평 등을 시스템에 입력하여 아마존의 전체 시스템을 개선하는 데 참여하게 하는 것이다. 그렇게 해서 만들어진 것이 바로 고객 맞춤형 1:1 추천 시스템과 카드 등록 시스템이다. 이러한 시스템의 개발은 곧 고객들의 찬사와 환호를 불러왔고, 고객 로열티 확보로 이어져 최고의 인터넷 기업으로 성장하는 밑바탕이 되었다.

05 1:1로 맞춤형 소통을 실행한다

1980년대 이후 많은 기업이 서비스 분야에서 공식처럼 여기던 것이 있다. 바로 '고객 = 왕'이라는 말이다. 이는 기업 간에 치열한 생존경쟁에서 한 명의 고객이라도 더 붙잡아야 한다는 강박에서 비롯된 것이다. 그 부작용으로 나타난 것이 블랙 컨슈머와 고객의 갑질이다. 언론에 다양한 사례가 빈번히 소개되면서 공분을 불러오기도 했다. 그 결과, 최근에는 '고객 = 파트너'라는 개념이 정립되어가는 추세이다.

그렇다고 해서 기업들의 상황이 나아진 것은 아니다. 날이 갈수록 고객의 니즈가 다양해지고 있고, 고객이 까다로워지고 있다. 어제의 고객이 어제와는 다른 욕구를 지니고 더 많은 지식으로 무장해 오늘 다시 나타나기도 한다. 사정이 이렇다 보니 어제의 성공, 즉 어제의 판매가 오늘의 판매를 보장해주지 않는다. 고객의 변화와 진화에 발을 맞추지 못하면 오늘의 성공을 장담할 수 없다.

기업만 힘들어진 것은 아니다. 이처럼 변화하는 고객의 니즈에 기업이 발을 맞추다 보니 제품이나 상품의 출시 사이클이 짧아지면서 조직의 구성원이 갖춰야 할 제반 사항도 많아졌다. 심지어 판매 현장에서는 고객들이 판매하는 사람보다 더 많은 상품 지식과 가격 정보를 가진 탓에 생산자와 유통업자가 쩔쩔매는 일까지 벌어지고 있다. 상품을 파는 일이 갈수록 힘들어지고, 고객을 잡는 일 또한 점점 더 요원해지고 있는 것이다.

이러한 환경에서 기업과 그 구성원의 고객 서비스는 어떤 모습을 가져야 할까?

우리가 하는 행동은 기본적으로 밖으로 보이거나 드러난 형식과 그 행동이 담고 있는 내용으로 구성되어 있다. 여기서 형식은 내용을 담고 나타내는 그릇으로, 눈에 보이지 않는 내용을 구체화하는 역할을 한다.

학교에서 선생님이 아이의 인성에 대해 논할 때를 예로 들어보자. 선생님이 아이를 판단할 때 인성이 좋은 아이인지, 나쁜 아이인지 어떻게 판단할 수 있겠는가. 인성은 눈에 보이지 않는 것이기 때문에 판단하기가 쉽지 않다. 그래서 선생님은 눈에 보이지 않는 인성을 가늠하기 위해 외부로 나타나는 형식, 즉 태도나 자세를 본다. 아이의 인성이 어떤지 판단하기 위해 수업 태도, 지각 횟수, 교복이나 두발 상태 등을 보는 것이다. 물론 단지 한두 번의 태도와 자세로 아이의 인성을 판단해서는 곤란하다. 여기에는 지속적인 관찰이 전제되어야 할 것이다.

고객을 대하는 서비스에도 형식과 내용이 있다. 여기서 형식은 서비스 방식이라고 할 수 있고, 내용은 서비스 마인드라고 할 수 있다. 이때 서비스 방식을 고객에게 보이는 시스템, 자세, 옷차림 등이라고 한다면 서비스 마인드는 친절, 배려 등과 같은 마음가짐이라고 할 수 있다. 우리는 사람의 마음속에 있는 마인드를 들여다볼 수 없기 때문에 외부로 나타나는 형식, 즉 자세나 옷차림 등을 보고 어림짐작으로 판단한다.

그런데 최근 들어 서비스 형식, 즉 외적으로 드러난 서비스를 평가하고 판단하는 지표로 자주 사용되는 것들이 큰 의미가 없는 경우가 많아지고 있다. 경쟁이 치열해지면서 기업이 교육을 통해 그 격차를 줄이면서 눈에 보이는 서비스 수준이 평준화되었기 때문이다. 서비스의 질이 가장 낮았던 관공서나 군대조차도 '고객 서비스'를 외치며 일반 기업과의 격차를 줄여나가는 형국이니 외적인 서비스 질의 차이를 논하는 것은 이제 큰 의미가 없어졌다.

그 결과, 많은 기업에서 주목하고 있는 것이 바로 고객과의 소통 방식이다. 갈수록 고객의 니즈가 다양해져 서비스 문제의 대부분이 접객 상황에서 발생하고 있을 뿐만 아니라, 특히 소통 방식의 차이에서 비롯되는 경우가 많아졌기 때문이다. 그리고 그 해답으로 찾아낸 것이 '1:1 고객 맞춤'이다.

예를 들어 판매자가 당신의 이름, 이전에 구매한 물품, 취향 등 당신에 대한 정보를 기억해준다면 어떻겠는가. '저 사람이 나를 기억해주다니!' 하고 마음속으로 큰 감동을 받을 것이다. 그러면 어떻게 될까. 당신은 판매자 혹은 판매자의 회사를 기억하고 그들이 파는 상품을 구매할 확률이 훨씬 높아질 것이다.

일반적으로 VIP 고객이 자주 찾는 백화점의 매장 담당자는 고객의 이름은 물론 취향, 자녀의 수 등 개인 신상 정보를 꿰

차고 있다고 한다. 그들은 일명 컨시어지 서비스를 제공하는 데, 추천할 만한 상품이나 제품이 들어오면 VIP 고객들에게 개인적으로 연락을 취하고, 1:1로 접촉하거나 만나는 것은 물론 1:1로 소통하고 서비스를 제공한다고 한다. 이와 같은 1:1 서비스는 그들의 차별화된 경쟁력으로 이어져 고객과 언니, 누나처럼 가족 같은 관계로 이어진다고 한다.

물론 많은 기업들도 직원에게 고객을 대하는 매뉴얼과 스크립트 교육을 실시한다. 하지만 그것은 산업화 시대의 유물로 서비스 표준화와 기본적인 응대를 가르칠 뿐이다. 앵무새와 로봇처럼 똑같이 말하고 행동하는 것으로 고객을 사로잡는 것은 불가능하다. 그래서일까. 컨시어지 서비스를 제공하는 백화점 담당자들은 정작 교육받은 스크립트를 거의 사용하지 않는다. 대신 그들은 다음의 세 가지를 생각하고 말한다.

1. 고객의 요구 사항을 어떻게 처리할 것인가?
2. 고객의 요구 사항을 언제 처리할 것인가?
3. 고객의 요구 사항을 처리해서 무엇을 얻을 수 있는가?

인터넷 혁명 이후 마케팅 형태가 다수를 대상으로 하던 매스 마케팅에서 '1:1 마케팅'으로 변화·발전했다. 1:1 마케팅은 고객의 니즈를 파악한 후 제품이나 상품, 서비스를 맞춤형으로 제시하는 것으로, 고객 정보 시스템에 기반을 둔 마케팅 방식이다.

그런데 1:1 마케팅을 할 때 반드시 챙겨야 할 것이 있다. 바로 맞춤형 소통 방식이다. 신상명세와 같은 일반적인 정보가 아닌 그 고객만의 니즈나 특성 등을 찾아내 고객 정보 시스템에 입력하는 것이다. 이처럼 고객 정보 시스템의 세분화되고 차별화된 정보가 있어야 맞춤형 제품이나 서비스를 제공할 수 있다. 그러기 위해서는 리츠칼튼처럼 고객들의 사소한 것까지 정보 시스템에 입력하는 것이 필수이다.

6 가족 같은 유대감으로
고객과 공감한다

당신은 우리말 중 가장 좋아하는 단어로 무엇을 꼽겠는가?

국내에서 이에 대해 설문조사를 한 결과, 가장 높은 순위를 차지한 단어 중 하나로 '가족'이 나왔다고 한다. 세상에서 '가족'이라는 말보다 애틋하고 친근한 말이 또 있을까? '가족'이라는 말은 듣기만 해도 잘못과 허물을 덮어주고, 힘들 때면 어깨를 두드리며 온몸을 감싸줄 것만 같은 편안함을 준다. 또한 닫았던 마음을 열고, 허심탄회하게 속마음까지 털어놓고 싶다는 생각이 들게 한다.

'또 하나의 가족'이라는 광고 카피로 유명한 기업이 있다.

국내 최대 기업이자 최근 애플과 구글에 이어 브랜드 가치 세계 3위에 오른 삼성이 그 주인공이다. 삼성의 광고는 가족이 가진, 가족이라면 떠오르는 이미지를 전달하는 데 주력한다. 정작 제품에 대한 품질이나 스펙은 거의 드러나지 않는다. 이 카피가 주는 감성적 효과는 제품 자체를 홍보하는 것보다도 더 큰 가치를 지니고 있을 것이다.

어디 그뿐인가. 최근 공중파와 지상파를 가리지 않고 앞다투어 방송되는 음식 프로그램에서 최고의 맛집으로 꼽히는

음식점 사장들을 인터뷰하다 보면 으레 나오는 말이 있다.

"우리 가족에게 먹인다는 생각으로 만들었습니다."

가족이란 부부를 중심으로 친족 관계에 있는 사람들의 집단이나 구성원을 일컫는 말로 혼인, 혈연, 입양 등을 통해 이루어진다. 그러나 이와 같은 생물학적·사회학적 정의만이 가족의 모든 것은 아니다. '이웃사촌'이란 말도 있듯이 가족에서 가장 중요한 것은 구성원 사이를 끈끈하게 이어주는 유대감이다. 유대감이 존재하지 않는다면 가족이란 말에서 따뜻하고 친근한 느낌을 가질 수 없을 것이다.

그래서일까? 최근 가족이라는 말의 쓰임새가 날이 갈수록 확장되고 있다. 교통과 통신의 발달로 지구촌 가족이라는 말도 생겨났듯이 시공간을 넘어 서로 다른 환경과 이해관계를 가진 모든 사람이 가족이라는 말로 묶이고 있다. 대표적인 것이 '고객을 가족처럼'이다. 이 말에는 고객과의 거리감을 좁히고, 고객에게 친근함을 느끼도록 하려는 고도의 심리적 계산이 깔려 있다. 또한 임직원에게는 고객을 가족처럼 대해야 한다는 당위성을 제시한다.

그렇다면 고객을 가족처럼 여기고 소통하면 어떤 결과가 나타날까? 자신의 이익에만 몰두할 것 같은 고객이 달라질까?

당신도 이미 주지하고 있다시피 고객은 이기적이다. 그러나 유대감이 싹트면 상황은 달라진다. 고객이 충성고객으로 진화한다. 즉, 사업적·금전적 이해관계를 떠나 당신과 당신의 기업 혹은 제품에 고객이 충성을 하게 되는 것이다. 오토바이 하면 떠오르는 회사인 할리데이비슨이 최고의 기업이 될 수 있었던 이유는 이러한 충성고객이 많았기 때문이다.

할리데이비슨의 고객은 브랜드 로고나 문양을 자신의 온몸에 문신으로 새기는 것으로 유명하다. 할리데이비슨은 순추천지수NPS, Net Promoter Score가 80%를 웃돈다. 즉, 자신이 쓰는 제품과 브랜드를 타인에게 추천하려는 의향이 매우 높다. 이런 현상은 할리데이비슨 고객들로 구성된 비영리 커뮤니티 '호그HOG, Harley Owners Group'가 있었기에 가능했다.

할리데이비슨은 고객과 '놀면서' 소통하는 것으로도 유명하다. 고객이 진심으로 즐길 수 있는 무언가를 계속해서 만들고 시도한다. 특히 '오픈하우스'는 오너뿐 아니라 할리데이비슨에 관심이 있는 모든 사람에게 열린 행사다. 매년 다양한 테마를 주제로 진행되지만, 기본적으로 풍성한 먹거리를 제공하고, 오픈하우스에서 각종 액세서리를 저렴하게 공급한다. '패밀리 투어'도 빼놓을 수 없다. 겉으로 보이는 거칠고 과감한 이미지와는 달리 실제 할리데이비슨은 가족적인 기업이다.

그래서 그 어떤 모터사이클 회사보다 할리데이비슨은 '가족'이라는 키워드를 중요시한다. 매년 부모, 배우자, 자녀 등이 함께 즐길 수 있는 이벤트를 준비하는 것도 이런 이유에서다. 또한 할리데이비슨은 오너들을 중심으로 '할리천사'라는 봉사단체를 결성해 매년 4회에 걸쳐 불우이웃 및 희귀·난치성 질환을 앓는 어린이들을 후원하는 행사를 열고 있다.

물론 피 한 방울 섞이지 않은 고객과 실제로 가족이 될 수는 없을 것이다. 하지만 할리데이비슨처럼 가족 같은 유대감을 가질 수는 있다. 우리 주변만 봐도 고객과 거래 관계로 만나 '언니', '오빠', '형님'이라고 부르며 가족보다도 끈끈한 관계로 발전하는 경우는 비일비재하다.

최근 이혼율이 급증하는 추세다. 서로 사랑해서 한 결혼이 서로 등을 돌리는 파국으로 치닫는 이유는 무엇일까? 이에 대해 한 결혼정보업체에서 설문 조사한 결과, 경제적 능력에 대한 부분보다 유대감과 공감 능력 부족을 가장 큰 원인으로 꼽았다고 한다. 돈이 없는 것은 참아도 유대감이 없고 공감하지 못하는 것은 참을 수 없다는 것이다.

공감이란 상대방이 "아" 하면 "어" 하고 알아듣는 것으로 굳이 말로 하지 않아도 알아채고 대응하는 것을 뜻한다. 공감이란 말 속에는 다른 사람의 입장에서 바라보고 생각한다는 의미가 담겨 있다. 가족 구성원 간에는 말로 하지 않아도 척척 알아듣고 행동하는 경우가 많다. 다른 어떤 조직보다 유대감이 깊어서 구성원 간에 자연스레 공감을 하기 때문이다. 예를 들어, 아이가 이상한 행동이나 낌새를 보이면 아이가 아무 말도 않았는데도 엄마나 아빠는 그 이유를 생각하고 해법을 찾아 행동으로 옮긴다. 우리가 가족이라는 말 속에서 느끼는 편안함, 따뜻함, 행복감은 이러한 분위기에서 나온다.

고객과의 소통에서도 가족 같은 유대감을 가지고 공감한다면 고객은 열광적인 환호로 답할 것이다. 불황에도 끄떡없이 성장가도를 달렸던 할리데이비슨처럼 말이다.

소통,
조직의 시너지 효과를 기대하며

　15년 가까이 많은 기업의 교육 담당자들과 임직원들을 상대하며 그들의 니즈를 충족시키기 위해 최선을 다해왔다. 그 속에서 그들이 정작 얼마나 많은 것을 얻었을지 두려움이 앞선다. 하지만 그러한 교육을 통해 그들뿐 아니라 나 자신도 성장과 발전을 할 수 있었다. 그런 면에서 보았을 때 교육자란 가르치는 사람이 아니라 가르치는 사람을 통해 배우는 사람인지도 모르겠다.

　교육은 아는 것이 중요한 것이 아니라 실행하는 것이 매우 중요하다. 지금처럼 모든 정보와 지식들이 공개된 사회에서 아는 것은 큰 노력을 기울이지 않고도 가능해졌다. 따라서 몰라서 실천하지 않는 것은 이제 그리 큰 문제가 아니다. 그러나 알면서 실천하지 않는 것은 전혀 다른 차원의 문제다. 자발적이며 부단한 노력이 전제되지 않는다면 실행하는 것은 정말 어려운 일이 된다.

이 책도 마찬가지다. 소통이 중요하다는 것은 거의 모든 사람들이 알고 있을 것이다. 실행 방법도 어느 정도 교육을 받았거나 지식으로 가지고 있을 것이다. 하지만 정작 현장에서 실행을 하지 않으니 소통의 문제가 발생하고, 조직의 문제로까지 확대되는 것이다.

그런 면에서 보았을 때 이 책은 소통을 위한 만병통치약이 아니라 동기부여를 제공하는 책이라고 보아야 할 것이다. 이 한 권의 책에 필자는 나름대로 그동안 쌓은 경험과 지식을 오롯이 담고자 노력했다. 이제 이 책은 내 손을 떠나 독자들의 몫으로 남겨질 것이다. 어쩌면 이것이야말로 책의 저자가 가지는 숙명인지도 모른다.

모쪼록 이 책을 많은 사람들이 소통을 현장에서 실행해 보기를 기대한다. 그것이야말로 저자로서 가질 수 있는 최고의 영광이 될 것이다. 소통은 조직의 시너지를 불러오는 최고의 선물이다. 그 선물을 많은 사람들과 공유하길 바란다. 아울러 이 책을 출간하기까지 많은 격려를 해준 분들과 독자분들께 다시 한 번 감사 말씀을 드린다.

4차산업혁명,
새로운 미래의 물결

김인숙 · 남유선 지음 | 값 15,000원

경제 생태계와 삶을 송두리째 바꿀 4차 산업혁명의 대응책!

3차 산업혁명의 시대가 지나 전혀 새로운 기업간 경쟁과 경제 패러다임을 몰고오고 있는 4차 산업혁명의 물결! 그 물결에 떠밀려 갈 것인가? 헤치고 나아갈 것인가? 4차 산업혁명의 진원지인 독일의 생생한 준비과정을 통해 그 해법을 찾아본다.

인간 중심
리더십

서정문 지음 | 13,000원

성과 중심의 리더십에서 사람 중심의 리더십으로

국가나 기업 등 모든 조직의 성패는 리더들의 손에 달려 있다. 이 책은 그런 리더들에게 리더의 덕목이 무엇인지 명쾌하게 설명해준다. 저자의 경험과 정치, 경제 분야의 리더들을 통해 리더십의 혜안을 얻을 수 있다.

영업,
질문으로 승부하라

오정환 · 한연경 지음 | 11,000원

질문, 고객의 OK를 불러오는 탁월한 설득법!

이 책은 영업달인이 되기 위해서 반드시 갖춰야 할 효과적인 질문 법을 다뤘다. 질문의 필요성과 기본원칙, 기능 및 유형은 물론 상황별 질문을 구체적인 상황별로 담아 당신에게 한 차원 높은 영 업력을 발휘하게 해줄 것이다.

경영이념

㈜한국교육센터는

VISION

㈜한국교육센터는 세계가 주목하는 교육컨설팅 기업이 되겠습니다.

- **Creator** 언제나 독특하고 신선한 교육컨설팅
- **Consulting Leader** 고객의 새로운 변화를 유도하는
- **Business Partner** 성공을 위해 함께 나아가는

CORE VALUE

미래에 한 발짝 먼저 다가가는 창의성과 도전정신 그리고 전문성 및
고객중심적 사고의 **GLOBAL CONSULTING LEADER**

MISSION

다양한 학습자의 역량개발, 코칭 및 트레이닝을 통한 지식 컨텐츠의
창출

- 회사의 인력개발 전략과 시스템을 지원하는 컨설팅 서비스 제공
- 개인과 조직의 역량 개발을 위한 교육 프로그램 개발 및 제공
- 구성원 화합 및 조직 개발을 위한 FAN프로그램 제공

사업분야

HRD 컨텐츠

리더십

셀프 리더십 과정
변화혁신 리더십 과정
위기관리 리더십 과정
코칭 리더십 과정
팀장 리더십 과정
상황대응 리더십 과정
소통 리더십 과정
인문학 리더십 과정
현장 리더십 과정
감성 리더십 과정
팔로워십 과정
여성 리더십 과정

과정 개발

나무 (NPL)
꼼지락 과정
깨소금 과정

Biz-skill

프리젠테이션 역량 향상 과정
문제해결 과정
전략적 의사결정 과정
창의적 문제해결 과정
기획력 향상 과정
보고서 작성 스킬 향상 과정
커뮤니케이션 과정
비즈니스 매너 향상 과정
협상 능력 향상 과정
세일즈 전략 향상 과정
관계 능력 향상 과정
워크 스마트 과정
회의 진행 스킬
경영 전략 시뮬레이션

조직활성화

조직 활성화 과정
교육훈련프로그램
명랑운동회
랩쇼
캘리그라피
무비 Talk Talk
사.브.작
스피드 스태킹
파크 골프
핵심가치를 잡아라
비타민 팀빌딩
스마트 레이스
로잉
힐링 요가
산악훈련

계층별 역량강화 과정

신입사원 입문과정
멘토링 과정
대리·사원 능력개발 과정
신임관리자 과정
차·과장 능력개발 과정
팀장 능력개발 과정
리프레시 과정
여사원 자기혁신 과정
중견 여사원 자기개발 과정

특화 과정

사내강사 양성 과정
서비스강사 양성 과정
강의 코칭 과정
현장 코칭 과정
서비스 코칭 과정
부부 캠프/부자 캠프

진단 및 컨설팅

경영/조직/문화 진단
리더십/코칭 스킬 진단
모니터링/고객설문조사
관리역량 진단
셀프역량 진단
기업문화 진단 및 개선전략
변화관리 및 조직문화 구축
매뉴얼 개발

CS 컨설팅

CS 컨설팅
서비스 코칭
서비스 리더십
서비스마인드 향상 과정
병원서비스 과정
고객만족실천 과정
골프서비스 교육 과정
백화점판매 여사원 과정
T,M 과정

(주)한국교육센터
Korea Education Center

• 주소 : 서울시 서초구 잠원동 23-8 수인빌딩 5층 • 전화번호_ 02-543-5787 • 홈페이지: kshrd.com • E-Mail : kshrd@kshrd.com

소통, 생존과 성장의 비밀통로

초판 1쇄 인쇄 2016년 12월 1일
초판 1쇄 발행 2016년 12월 5일

지은이 김희선
펴낸이 김진성
펴낸곳 호이테북스

편집 허강, 김선우, 정소연
디자인 장재승
관리 정보해

출판등록 2005년 2월 21일 제2016-000006
주소 경기도 수원시 팔달구 정조로 900번길 13 202호(북수동)
전화 02-323-4421
팩스 02-323-7753
홈페이지 www.heute.co.kr
이메일 kjs9653@hotmail.com

값 13,000원
ISBN 978-89-93132-47-2 03320

*잘못된 책은 서점에서 바꾸어 드립니다.